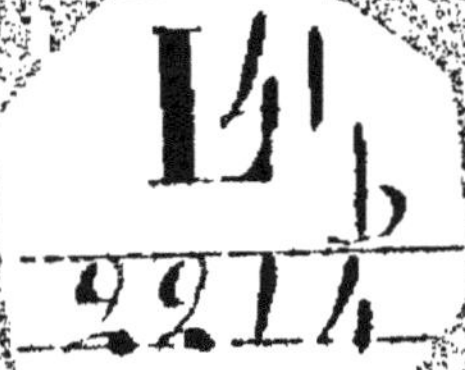

RÉPUBLIQUE FRANÇAISE, UNE ET INDIVISIBLE.

LIBERTÉ, ÉGALITÉ.

AU NOM DU PEUPLE FRANÇAIS.

Toulouse, le 8e. jour du mois Pluviôse de l'an second de la République.

DARTIGOEYTE, REPRÉSENTANT DU PEUPLE dans les Départemens du Gers & Haute-Garonne ;

Considérant que les mêmes principes qui nous ont dirigé dans les mesures de salut public que nous avons pris dans le Département du Gers & autres circonvoisins, doivent encore nous servir de base dans le Département de Haute-Garonne, pour distinguer les vrais patriotes des ennemis de la liberté,

ARRÊTE, que l'Arrêté du 2 Nivôse par nous rendu pour les Départemens du Gers & autres circonvoisins, est déclaré commun au Département de Haute-Garonne ; en conséquence qu'il sera exécuté dans tout son contenu, & imprimé à la suite du présent, pour être envoyé aux autorités constituées & Sociétés Populaires, à la diligence du Directoire du Département.

FAIT à Toulouse, le jour que dessus.

DARTIGOEYTE.

Par le Représentant du Peuple,

F. DUCOS, *Secrétaire.*

Suivent les dispositions de l'Arrêté ci-dessus rappelé.

AU NOM DU PEUPLE FRANÇAIS.

Le 2e. jour du mois Nivôse de l'an deuxième de la République Française.

DARTIGOEYTE, REPRÉSENTANT DU PEUPLE dans les Départemens du Gers, des Landes, des Hautes & Basses Pyrénées, & autres environans,

Instruit que certains Comités de Surveillance ont ordonné la mise en liberté de plusieurs ci-devant Nobles & autres gens suspects ;

Que cette mesure tient trop essentiellement à l'ordre & à l'intérêt public, pour devoir être soumise à la révision & approbation des Représentans du Peuple ;

Considérant que la malveillance à étrangement abusé des exceptions portées dans la Loi du 17 septembre, concernant les ci-devant Nobles, puisque beaucoup d'entr'eux ont surpris aux bons Cultivateurs composant les Municipalités de la campagne, des certificats de civisme, & qu'ensuite certains Comités y ont eu égard lors même qu'ils n'étoient pas revêtus de toutes les formes légales ;

Considérant que la plupart des ci-devant Nobles sont en pleine liberté, tandis que l'opinion publique pèse sur leurs têtes & dépose contre leur virulente aristocratie ;

ARRÊTE :

1°. Tous les Comités de Surveillance dans l'étendue

Département du Gers, qui ont ordonné la mise en liberté d'individus arrêtés comme suspects, formeront, dans la décade qui suivra la réception du présent, l'état nominatif desdits individus, avec leurs noms, leurs ci-devant qualités & professions.

2°. La délibération contenant les motifs de la réclusion, & celle contenant les motifs de la mise en liberté, avec toutes les pièces y relatives, seront jointes audit état, & le tout sera envoyé au Directoire du Département du Gers, qui demeure chargé de nous l'adresser directement par des extraordinaires.

3°. D'après l'examen de ces pièces, & d'après le résultat des renseignemens qui seront pris, il sera par nous statué ce qu'il appartiendra.

4°. Les Comités de Surveillance sont spécialement tenus d'appliquer les dispositions de la Loi du 17 septembre (vieux style) à ceux des ci-devant Nobles qui, dans quinzaine, ne rapporteront pas un certificat de civisme, approuvé par la Société Populaire du chef-lieu de canton d'où ressort la Municipalité où ils ont leur domicile, lequel certificat devra en outre être visé par les corps Administratifs.

5°. Les Agens Nationaux auprès des Districts, veilleront à l'entière & prompte exécution du présent Arrêté, qui sera imprimé à la diligence du Directoire du Département du Gers, publié & affiché dans toutes les Communes du même Département.

Fait à Saint-Sever, le jour que dessus.

DARTIGOEYTE;

GORY, *Secrétaire, signés.*

Vu les Arrêtés ci-dessus, l'Administration du Département de Haute-Garonne arrête, qu'ils seront sur-le-champ imprimés, pour être publiés & affichés dans les Districts & Communes de son arrondissement, & envoyés aux Sociétés Populaires. A Toulouse, le 8 pluviôse, an deuxième de la République Française, une & indivisible.

GUIRINGAUD, Président.

LAFONT, *DELHERM*, *SARTOR*, *BELLECOUR*, *BLANC*, *SAMBAT*, *PICQUIÉ*, *Administrateurs.*

BEGUILLET, *Secrétaire.*

A TOULOUSE,

De l'Imprimerie de la Veuve DOULADOURE, rue Saint-Rome.

RÉPUBLIQUE FRANÇAISE, UNE ET INDIVISIBLE.

LIBERTÉ, ÉGALITÉ.

AU NOM DU PEUPLE FRANCAIS.

Le 11e. jour du mois Pluviôse de l'an deuxieme de la République Française.

DARTIGOEYTE, REPRÉSENTANT DU PEUPLE, dans les Départemens du Gers & Haute-Garonne;

Considérant que la loi du 10 septembre dernier (vieux style), défend à tous Fournisseurs & Soumissionnaires d'interrompre ou suspendre l'exécution de leurs marchés ou soumissions, & enjoint aux Agens de la République de poursuivre ceux qui, même sous prétexte de pétition en indemnité, interromproient ou suspendroient leurs fournitures, même aux époques fixées par leurs traités:

Considérant qu'il est du devoir de tout bon Français dans cette circonstance de rester à son Poste, & d'y concourir de tout son pouvoir au bien général:

Que le nouveau mode de l'organiſation des étapes n'étant pas encore fait par la Convention & le Miniſtre, il ſeroit diſpendieux & inutile de paſſer de nouveaux marchés, qu'il faudroit réſilier peut-être de ſuite :

Conſidérant, enfin, que le ſervice des étapes & convois militaires, étant de la plus grande importance pour la République, ne doit point ſouffrir d'interruption dans un moment où les armées ſont dans la plus grande activité.

Arrête ce qui ſuit :

ARTICLE PREMIER.

Les Entrepreneurs des étapes & convois militaires ſont tenus de continuer leurs fournitures, chacun en ce qui les concerne, juſques à ce que le Miniſtre de la guerre donne des ordres pour ce renouvellement des marchés, d'après la nouvelle organiſation de ces deux ſervices.

ART. II.

Les fournitures des étapes ſeront payées ſur le pied où elles le ſont dans ce moment ; c'eſt-à-dire, d'après le taux fixé par les lois des 11 & 29 Septembre, ſauf les réclamations des étapiers en indemnité s'il y a lieu ; quant aux envois militaires, le prix des chevaux de ſelle ou de trait ſera fixé tous les mois par la Municipalité du lieu de la réſidence du préposé.

ART. III.

Les Municipalités ſont & demeurent requiſes ſous leur

responsabilité d'accorder auxdits préposés des étapes & convois militaires, assistance & protection, tant pour leurs achats que pour la confection de leurs bons de fourniture nécessaire à leurs remboursemens; elles sont également requises de fournir aux Contrôleurs & Agens de l'Administration des subsistances militaires tous les renseignemens nécessaires à la confection des certificats du prix des denrées sur lesquels doit être établie la situation des entrepreneurs.

ART. IV.

Lesdits Entrepreneurs étant particulierement attachés au service des armées, sont & demeurent exempts de toute réquisition qui tendroit à les enlever à leurs fonctions.

ART. V.

Les Agens nationaux des Districts sont tenus de poursuivre comme suspects & mauvais citoyens, sur la dénonce des Agens de l'administration, tout Fournisseur ou Soumissionnaire des étapes & convois militaires, qui, sous quelque prétexte que ce soit, suspendroit ou interromproit les fournitures, jusqu'à l'époque du renouvellement de son marché.

ART. VI.

Le présent Arrêté sera imprimé, pour être envoyé aux Districts & aux Communes, ainsi qu'aux Sociétés populaires.

Fait à Toulouse le jour que dessus.

DARTIGOEYTE.

Par le Représentant du Peuple,

F. DUCOS, Secrétaire.

VU l'Arrêté ci-dessus;

L'ADMINISTRATION du département de la haute-Garonne ARRETE qu'il sera transcrit sur ses registres, imprimé sans délai, & envoyé aux districts, municipalités & sociétés populaires de son arrondissement, pour y être publié, affiché & exécuté en tout son contenu.

Fait à Toulouse le quinzième Pluviôse de l'an second de la République Française, une & indivisible.

GUIRINGAUD, président, LAFONT, DELHERM, BLANC, SAMBAT, PICQUIE, SARTOR, BELLECOUR, administrateurs.

BEGUILLET, Secrétaire-général.

A TOULOUSE,
De l'Imprimerie d'HENAULT, rue Tripières, près les Changes.

RÉPUBLIQUE FRANÇAISE, UNE ET INDIVISIBLE.

AU NOM DU PEUPLE FRANÇAIS.

Le 23.me jour du mois de Pluviose, de l'an deuxieme de la République Française.

DARTIGOEYTE, Représentant du Peuple, dans les Départemens du Gers & Haute-Garonne.

APRÈS avoir conféré avec les Citoyens GUYNEMER, Préposé principal au service des Fourrages de la Place de Toulouse; DUCHEMIN, Directeur des Étapes; BONHOMME & BATAILLER, Inspecteurs aux Requisitions pour l'Armée des Pyrénées Occidentales.

Considérant que tout ce qui peut tendre au bien de la République en général, & à la sûreté des opérations militaires en particulier, mérite le plus grand intérêt; que sous ce rapport le ſoin de pourvoir les Troupes à cheval, les Étapes, Convois militaires & les Poſtes nationales doit fixer ſa ſollicitude.

ARRÊTE ce qui ſuit.

ARTICLE PREMIER.

A compter du jour de la publication du préſent Arrêté tous les Foins, Avoines & Sons au deſſus de la quantité néceſſaire à chaque particulier pour les animaux employés à l'Agriculture, ſont en requiſition pour le ſervice de l'Armée des Pyrénées Orientales, dans l'étendue du Département de Haute-Garonne, & il ſera fait de nouveaux recenſemens par les Corps conſtitués, à la diligence des Prépoſés à ladite Armée.

II.

Les Municipalités ſont tenues, ſous leur reſponſabilité, de verſer dans les Magaſins généraux de l'Armée Orientale tous les Foins, Avoines & Sons provenant du nouveau recenſement, après avoir préalablement fourni aux Maîtres de Poſte & Conducteurs des Meſſageries la quantité qui leur ſera néceſſaire pour la conſommation de leurs Chevaux, en conformité de l'Arrêté du 6 Pluvioſe, pris par la Commiſſion des Subſiſtances, & après avoir approviſionné l'Étapier & les Prépoſés des Convois Militaires d'après leur apperçu.

III.

Les Etapiers & Prépoſés aux Convois Militaires ſeront tenus de juſtifier pardevant la Municipalité de la conſommation des fourrages qui leur ſeront accordés ſur leur demande, & dans le cas où ils ſe trouveroient en avoir de reſte, ils les verſeront dans les Magaſins généraux de l'Armée; ſi au contraire par erreur ou par des passages extraordinaires de Troupes, leur consommation excédoit la quantité de fourrages qui leur aura été attribuée, ils sont autorisés à se pourvoir aux Magasins généraux de l'Armée dont les Gardes-Magasins sont requis de leur délivrer sur leur reçu, la quantité qui sera nécessaire à leur fourniture, après toutefois que la nécessité en aura été constatée par les Municipalités.

I V.

Il est expressément défendu à toute Autorité constituée & autres Agens de la République d'arrêter les Voitures & Chevaux appartenant aux Étapiers & Préposés des convois Militaires destinés au transport des denrées entrant dans la composition des Rations d'Étape, ou au service des Troupes

V.

Les Fourrages & Avoines qui existent actuellement dans les Magasins ou dépôts de Muret, Saint-Martory, Saint-Gaudens, Beaumont, Grenade, & Longages, par l'effet des requisitions de nos collegues près l'Armée des Pyrénées Occidentales, seront sur le champ en exécution d'un Arrêté de nosdits collegues, & d'une lettre qu'ils nous ont écrite transportés à Bayonne, attendu les besoins urgens de cette derniere Place.

En conséquence le Citoyen Bonhomme, Inspecteur des Fourrages de l'Armée Occidentale, donnera des ordres précis & fera aux Corps Administratifs & Municipaux, toutes les requisitions nécessaires pour avoir des Voitures afin d'accélérer cet envoi en commençant par les Avoines.

Les Fourrages & Avoines réunis actuellement à Montauban & qui étoient destinés pour les Pyrénées Orientales suivront leur destination & seront versés par le Citoyen DOMERC-LACAZE, Garde-Magasin, sur la place de Toulouse, afin de ne pas priver cette Division d'une partie de Fourrages qui lui est indispensable.

Les Gardes des Magasins ci-dessus désignés fourniront sur le champ aux Représentans du Peuple & aux Régisseurs des deux Armées, l'état de situation actuelle de leur Magasins.

V I.

Les Agens Nationaux près le District & les Communes sont chargés de veiller à l'exécution du présent Arrêté, de donner tous les ordres nécessaires & de poursuivre les Municipalités qui seroient convaincues de mauvaise foi ou de négligence.

V I I.

Le présent Arrêté & à sa suite celui de la Commission des Subsistances seront imprimés aux frais des Administrations des Fourrages & des Étapes, pour être envoyés aux Administrations de District & Communes de leur arrondissement & exécutés dans leur entier.

Fait à Toulouse, le jour que dessus.

DARTIGOEYTE.

Pour le Représentant du Peuple;
DUCOS, *Secretaire*.

Suit l'Arrêté de la Commission des Subsistances

EXTRAIT

DES REGISTRES DES DÉLIBÉRATIONS

DE LA COMMISSION DES SUBSISTANCES ET APPROVISIONNEMENS

DE LA RÉPUBLIQUE,

SÉANCE du 6 Pluviôse, an second de la République Française, une & indivisible.

LA Commission des subsistances & approvisionnemens de la République, instruite par les réclamations multipliées qu'elle reçoit chaque jour, des besoins urgens de fourrages & avoines qu'éprouvent les maîtres de poste, conducteurs de messageries, sous-fermiers & autres entrepreneurs de relais, faisant partie de l'administration des postes & messageries nationales;

Considérant que l'article III de la loi du 17 vendemiaire, charge les Corps administratifs de faire fournir, par voie de requisition, les fourrages & avoines nécessaires au service de chaque relai, après avoir préalablement constaté par un procès-verbal la quantité qui sera nécessaire;

Considérant que le ministre de l'intérieur, par sa lettre du 8 brumaire aux administrations de département, leur a rappelé l'obligation que la loi leur impose de prendre les mesures les plus promptes pour que le défaut d'approvisionnement n'expose pas le ſervice des poſtes & meſſageries à une interruption qui ſeroit infiniment préjudiciable à la choſe publique;

Conſidérant que, malgré la recommandation expreſſe du Miniſtre de l'intérieur, les beſoins des Poſtes & Meſſageries ont augmenté au point de faire craindre la ceſſation ſimultanée de leur ſervice dans différentes parties de la République, & que pour prévenir un pareil malheur, la Commiſſion, par ſa lettre du 17 Frimaire, a chargé les Adminiſtrateurs de diſtrict de veiller ſans relâche à ce que les approviſionnemens qui doivent aſſurer ce ſervice, ſoient faits avec l'exactitude & la célérité que commande ſon importance; qu'elle les a même rendus reſponſables individuellement des événemens qui pourroient réſulter de leur négligence;

Conſidérant que les plaintes qui parviennent à la Commiſſion, ſur l'inexécution des meſures qui ont pour objet de pourvoir à tous les beſoins des Poſtes & Meſſageries, lui font un devoir d'aſſurer par tous les moyens que la loi lui a confiés, un ſervice que l'on regarde comme un des grands moyens de ſalut public, & de l'activité duquel dépend le ſuccès des opérations civiles & militaires, arrête ce qui ſuit:

ARTICLE PREMIER.

Les Directoires de diſtrict feront viſiter par les Municipalités tous les relais qui ſe trouvent dans leur arrondiſſement.

I I.

Les Officiers municipaux chargés de la vérification, conſtateront le nombre de chevaux, en diſtinguant le genre de ſervice auquel ils ſont employés. Ils conſtateront auſſi la quantité de fourrages & avoines exiſtant dans les greniers de chaque maître de poste, conducteur de messageries nationales, sous-fermier & entrepreneur de relais dépendant desdites messageries; ils détermineront ensuite la quantité de fourrages & avoines nécessaire pour assurer l'approvisionnement pendant six mois, & dresseront des procès-verbaux, qu'ils enverront sur-le-champ à l'administration du district.

I I I.

Aussi-tôt que l'administration de district aura reçu ces procès-verbaux, elle fera fournir, par voie de requisition, à chaque maître de poste, conducteur de messageries nationales, sous-fermier & entrepreneur de relais dépendant desdites messageries, la quantité de fourrages & avoines nécessaire à son service, & enverra à la Commission un état détaillé de ces requisitions. Les municipalités feront exécuter les requisitions sans aucun retard.

I V.

Les administrateurs de district seront responsables individuellement de toute négligence ou retard dans l'exécution des dispositions du présent arrêté, conformément à l'article II de la cinquième section de la loi du 14 Frimaire, sur le gouvernement révolutionnaire.

V.

Les Représentans du Peuple près les armées & dans les départemens, sont invités à appuyer l'exécution du présent arrêté, de l'autorité & des pouvoirs dont ils sont revêtus.

Pour expédition. *Signé* GOUJON, *président de la Commission*; TISSOT, *secrétaire général*.

Pour copie conforme,
Le Représentant du Peuple,
DARTIGOEYTE.

RÉPUBLIQUE FRANÇAISE, UNE ET INDIVISIBLE.

AU NOM DU PEUPLE FRANÇAIS.

Toulouse, le vingt-septieme jour du mois de Pluviôse, l'an deuxieme de la République française.

DARTIGOEYTE,

REPRÉSENTANT DU PEUPLE

DANS LES DÉPARTEMENS

DU GERS ET HAUTE-GARONNE.

VU la pétition des Maire & Officiers Municipaux de la Commune de Balma & de St.-Martin de Lasbordes ;

Vu aussi la lettre des administrateurs du district de Toulouse, composant le bureau des émigrés ;

Vu enfin l'article II de la section quatrieme de la loi du 3 Juin dernier (vieux style), & l'article II de la loi du 13 Septembre dernier (vieux style) ;

Considérant que l'intention de la Convention Nationale, par la premiere de ces lois, étoit, que chaque Citoyen français fût au moins propriétaire d'un arpent de terre ;

Considérant que lorsqu'elle a rapporté, par la loi du 13

Septembre, la disposition de celle du 3 Juin; elle n'a pas eu intention de détériorer le sort des Citoyens français, mais seulement de remédier à l'inégalité qui se trouve suivant le pays, dans la valeur respective d'un arpent de terre & d'un autre arpent de terre, & que c'est en conséquence de cette vue, qu'au lieu d'accorder l'achat d'un arpent de terre, payable en vingt ans, par portions égales, sans intérêt, elle accorde à chaque Citoyen, non-propriétaire, l'achat d'une portion de terre de la valeur de cinq cent livres, & suivant les mêmes conditions;

Considérant que l'intention évidente de la Convention a été de fixer le *minimum* de propriété de tout Citoyen français, à une valeur territoriale de cinq cent livres, & que si on entendoit la loi du 13 Septembre d'une autre maniere, il ce trouveroit que les Sans-culottes qui ont une chaumiere, de valeur, par exemple, de cent francs, laquelle ne produit rien, deviendroient, sans qu'il y eût de leur faute, plus misérables que ceux qui n'ont rien du tout; ce qui seroit d'une criante injustice;

Considérant que la Convention, en établissant en these générale, par la loi du 13 Septembre, que les habitans, sur des lieux où il n'y a point de communaux, & qui ne payent point d'imposition, seroient admis à acquérir des portions de bien d'émigrés, jusques à concurrence de cinq cent livres, n'a entendu exclure du bénéfice de cette loi, que ceux des Citoyens qui en trouveroient un pareil ou un plus grand dans le partage de ces communaux, & non ceux à qui ce partage ne produiroit, par tête, qu'une valeur de trente ou quarante sols, ou tout autre valeur très-inférieure à celle de cinq cent livres;

Considérant que la mission des représentans du peuple a, pour l'un de ses principaux objets, de faire exécuter les lois, & sur-tout les lois révolutionnaires, selon leur véritable esprit, qui est d'assurer les bienfaits de la révolution aux Citoyens des campagnes, qui sont ceux qui l'ont principalement soutenue,

Arrête ce qui suit:

ARTICLE PREMIER.

Tout Citoyen Sans-culotte qui, dans les communes où il n'existe pas des communaux, & dans celles où il en existe, se trouvera, après leur partage, n'avoir pas une propriété de la valeur de cinq cent livres, sera admis à acquérir dans la vente qui sera faite des biens des émigrés, ce qui manqueroit pour compléter ladite valeur de cinq cent livres, & ne sera tenu de le payer que suivant le mode prescrit par l'article II de la loi du 13 Septembre dernier (vieux style), c'est-à-dire, à raison d'un vingtieme par an, & sans intérêt.

II.

Les habitans de la Commune de Balma & de St.-Martin de Lasbordes, sont renvoyés, sur les autres chefs de leur pétition, devant les administrateurs du district de Toulouse, qui y feront droit.

III.

Le présent arrêté est rendu commun aux deux départemens du Gers & Haute-Garonne; auquel effet il sera imprimé & envoyé aux Agens nationaux de chaque district, qui tiendront la main à son exécution.

FAIT à Toulouse, le jour que dessus.

DARTIGOEYTE.

Par le représentant du peuple,

P. DUCOS, *secrétaire.*

Vu pour être imprimé, publié & affiché dans les Municipalités du département de Haute-Garonne.

A Toulouse, le 28 Pluviôse, an deuxieme de la République, une & indivisible.

GUIRINGAUD, *président.*

BEGUILLET, secrétaire-général.

RÉPUBLIQUE FRANÇAISE,

UNE ET INDIVISIBLE.

LIBERTÉ, ÉGALITÉ.

AU NOM DU PEUPLE FRANÇAIS.

Le 1.er jour du mois de Ventôse, de l'an deuxieme de la République Française.

DARTIGOEYTE, Représentant du Peuple dans les Départemens du Gers & Haute-Garonne.

VU la Délibération de la Société Populaire de Toulouse, qui énonce son voeu pour ne laisser subsister des Comités de Surveillance que dans chaque Chef-Lieu de Canton.

Après avoir assisté aux Séances de ladite Société lors de la discussion, & conféré avec plusieurs Agens Nationaux & Administrateurs Montagnards;

Considérant que les Comités de Surveillance établis dans la plupart des Communes, n'ont pas en général rempli le but de leur institution; qu'il en résulte des inconvéniens majeurs, en ce que les ci-devant Nobles, Privilégiés, Fédéralistes & autres Aristocrates qui fourmillent dans les Campagnes, jouissent d'une pleine liberté, dirigent les Municipalités, retardent les progrès de l'esprit public;

Considérant que ces Comités sont la plupart composés illégalement; qu'on n'y tient aucun Registre; & qu'il a été impossible d'avoir le résultat de leurs opérations :

ARRÊTE.

ARTICLE PREMIER.

Il n'y aura qu'un seul Comité de Surveillance dans chaque Chef-Lieu de Canton dans le Département de Haute-Garonne : tous les autres sont supprimés.

II.

Les Comités supprimés remettront, sous quatre jours, au Comité du Chef-Lieu de Canton d'où ressort la Commune, les Registres & Pieces qu'ils peuvent avoir.

III.

Les Comités du Chef-Lieu de Cantons devront se conformer très-incessamment aux dispositions de nos Lettres des 24 & 26 Pluviôse, adressées aux Agens Nationaux, concernant les reclus, & ils se feront remettre par les Municipalités la liste exacte de toutes les personnes mises en reclusion, pour former ensuite le Tableau général dans la forme qui a été prescrite.

IV.

Chaque Commune désignera à l'Administration de District deux bons Montagnards, & le District formera sur le nombre des Citoyens désignés une Liste de douze Membres pour chaque Comité de Canton. Ces Listes seront adressées aux Représentans du Peuple qui se réservent de prononcer.

En attendant que les nouveaux Comités puissent être établis, ceux actuellement existans dans les Chef-Lieux de Canton, continueront leurs fonctions, & l'exécution de notre Arrêté du 2 Nivôse, relatif aux ci-devant Nobles, leur est spécialement recommandée.

V.

Charge les Agens Nationaux près les Districts de veiller à l'exécution du présent, qui sera imprimé, publié & envoyé aux Communes & Sociétés Populaires du Département de Haute-Garonne.

FAIT à Toulouse, le jour que dessus,

Dartigoeyte.

PAR le Représentant du Peuple,
F. DUCOS, Secretaire.

Certifié conforme à l'Original,
GUIRINGAUD, Président.
BEGUILLET, Secretaire-Général.

A TOULOUSE,
De l'Imprimerie de JOSEPH DALLES, aux Arts & Sciences, premiere Section, N°. 110.

31

RÉPUBLIQUE FRANÇAISE, UNE ET INDIVISIBLE.

LIBERTÉ, ÉGALITÉ.

AU NOM DU PEUPLE FRANÇAIS.

Mont-Unité (ci-devant St.-Gaudens), le quatrième jour du mois de Ventôse, l'an second de la République Française.

DARTIGOEYTE,

REPRÉSENTANT DU PEUPLE

DANS LES DÉPARTEMENS

DU GERS ET HAUTE-GARONNE.

VU le travail fait par la Société Populaire de Rieux, chef-lieu de District, sur l'épuration des autorités constituées, conformément à nos différentes lettres & arrêtés sur cet objet;

Après nous être transportés dans la Commune de Rieux, & y avoir conféré avec le Peuple réuni en Société Populaire ; ARRÊTE ce qui suit :

ART. Ier.

Les Citoyens *Dupau*, *Gaubert*, *Luxeul* & *Chaurou*, composant le Directoire du District sont maintenus dans l'exercice de leurs fonctions ; les citoyens *Pagés*, *Costes* de Rieux, *Lajoux*, *Costes* de Montesquieu, *Grandis*, *Robin*, *Semiac* & *Limargue* fils, Membres du Conseil d'administration, sont également maintenus dans leurs fonctions ; ainsi que *Russat* dans celles de Secrétaire.

Le citoyen *Barrau* est nommé Agent national près le District, en remplacement d'*Alard*, appellé à la Convention nationale.

ART. II.

Les Citoyens composant le Tribunal civil de Rieux sont maintenus dans leurs fonctions ; en conséquence, *Augueres* Président, *Cassagne*, *Crabère* fils, *Miegeville*, *Faure*, Juges ; *Abolin*, Commissaire national ; & *Delage*, Greffier, resteront au poste où la confiance du Peuple les a placés.

ART. III.

Maribal, Juge de Paix de Rieux, & notable de la Commune, sera remplacé comme étant ci-devant noble & égoïste. *Lafaille*, Maire actuel, est nommé Juge de Paix en remplacement. *Pauly*, Secrétaire-Greffier, est maintenu dans ses fonctions.

Le citoyen *Derbal*, Juge de Paix du canton de Rieux, & *Dispan*, Secrétaire-Greffier, sont également maintenus dans leurs fonctions.

I V.

La Municipalité de Rieux sera composée comme suit : *André Peyroux*, Officier Municipal, remplira les fonctions de Maire ; *Peyrotte*, Notable, est nommé Officier municipal en remplacement. *Terrade*, *Forgues* & *Mouchan* sont maintenus dans leurs fonctions.

Rigail, Agent national près la Commune, est également maintenu dans ses fonctions.

Sont nommés notables de la Commune de Rieux, les Citoyens *Peyrous*, *Gaubert*, *Duclos*, *Arsagnet*, *Danés*, *Bailier*, *Cassarre*, *Campagne*, *Labat & Arnaud Lecussan* ; il sera en outre, indiqué deux bons Citoyens pour remplacer *Cassagne* juge, & *Maribal* dans les fonctions de notable.

Delisle, Secrétaire-greffier de la Commune, est maintenu dans ses fonctions.

ART. V.

Le Comité de Surveillance & Révolutionaire séant à Rieux, sera composé des Citoyens *Higounet*, *Dehoye*, *Lesteil*, *Touzet* cadet, *Lamon*, *Sargés*, *Abadie*, *Boudonnet*, *Moneron* & *Daugnac ;* il sera en outre, indiqué deux Citoyens pour remplacer dans ledit comité, *Lafaille* maire, & *Cassagne* Juge, attendu l'incomptabilité des fonctions.

ART. VI.

Les Citoyens ci-dessus nommés seront réinstallés dans leurs fonctions.

ART. VII.

Le Représentant du Peuple doit un témoignage public d'estime & de satisfaction aux Administrateurs, aux Officiers-Municipaux & aux Citoyens de Rieux, pour avoir énergiquement réſiſté aux intrigues des fédéraliſtes, & aux arrêtés liberticides de la prétendue aſſemblée départementale.

ART. VIII.

Charge le Directoire du Département de Haute-Garonne, de faire imprimer le préſent arrêté, qui ſera envoyé aux Autorités conſtituées & Sociétés Populaires des Diſtricts.

FAIT à Mont-Unité (ci-devant Saint-Gaudens), le jour que deſſus.

DARTIGOEYTE.

Par le Repréſentant du Peuple,

F. DUCOS.

Certifié conforme,

SARTOR, Préſident du Département

BEGUILLET, Secrétaire-général.

A TOULOUSE,
De l'Imprimerie d'AUGUSTIN HENAULT, rue Tripières, près les Changes.

RÉPUBLIQUE FRANÇAISE,
UNE ET INDIVISIBLE.

LIBERTÉ, ÉGALITÉ.

AU NOM DU PEUPLE FRANÇAIS.

Le 4.me jour du mois de Ventôse, de l'an deuxieme de la République Française.

DARTIGOEYTE, Représentant du Peuple dans les Départemens du Gers & haute-Garonne.

Vu le Verbal d'épuration des Autorités Constituées de Montagne-sur-Garonne (ci-devant Saint-Martory) Département de Haute-Garonne :

Après nous être rendus dans le sein de la Société Populaire, en présence du Peuple ;

Considérant que les Membres composant la Société actuelle ; sont en majorité de nouveaux Patriotes, c'est-à-dire des Messieurs plâtrés d'un prétendu Civisme, depuis que la Guillotine fait justice des ennemis du Peuple ;

Qu'on y voit pour Président le nommé Chanfrau, Notaire & Greffier de la Commune, reçu depuis un mois, quoique chassé précédemment, lorsque les Montagnards y siégeoient, pour s'être opposé à la lecture du Pere Duchesne ;

Qu'on y voit pour Secrétaire le nommé Faunade, que l'on assure être frere d'un émigré, & qui a obtenu sa réception, en faisant orner la salle, & en offrant quelques dons au profit des Citoyens indigens ;

Qu'on y trouve enfin un nommé Baralesque pere, exclu du Bureau de l'Assemblée Primaire, pour cause de prévarication ; plusieurs autres Aristocrates, étrangers même au Canton, tels que Lasmartres cadet, ci-devant Seigneur, & singeant la noblesse :

Considérant que cette réunion est parvenue à exclure tous les Montagnards, & qu'on ne trouve plus aucune trace de l'ancienne Société des Sans-Culotes, qui le 16 Mai vota l'expulsion des Brissot, Vergniaux, Louret, Guadet, &c. &c., qui depuis rendit de grands services à la liberté, & députa vers les Patriotes opprimés à Toulouse pour faire cause commune avec eux ;

Que le Représentant du Peuple ayant demandé les auteurs des adresses énergiques, il fut frappé d'étonnement & de douleur lorsqu'ils parurent à la Barre, disant que les intrigans occupoient le poste où ils avoient long-temps combattu :

Considérant que les Sociétés Montagnardes d'Ausac & de Salies ont retiré leur affiliation à la Société actuelle de Montagne-sur-Garonne, comme professant des principes inciviques :

Considérant que le Verbal d'épuration annonce beaucoup de passions, & un dessein formel de persécuter les Magistrats Patriotes ;

Que même en notre présence les meneurs se sont dévoilés & n'ont pu répondre aux inculpations dirigées contre eux :

Considérant que le Comité de Surveillance a été composé dans le sens de la prétendue Société, & qu'ainsi on en a éloigné les signataires des Adresses Patriotiques, lors de la lutte de la Liberté contre le Fédéralisme :

ARRÊTE,

1°. Le Verbal des épurations des Autorités Constituées, séant à Montagne-sur-Garonne (ci-devant Saint-Martory) est déclaré comme non avenu.

2°. La Société actuellement existante est déclarée dissoute. Elle sera composée des Sans-Culotes signataires de l'Adresse imprimée du 16 Mai, au nombre de quatre-vingt-quinze, dont les noms suivent.

Simon Lacombe.
Antoine Nogués.
Pierre Campagne.
Bertrand Duclos.
Jean-Bernard Sarrere.
Pierre-Germain Lacombe.
Pierre Artigue.
Joseph Artigue.
Bertrand Ajustrou.
Philippe Pugibet.
Dominique Bonneserre.
Barthélemi Barthe.
Pierre Dardignac.
Jean Attane.
Jean Samatan.
Blaise Larrieu.
François Pegot.
Martiry Cazeneuve.
Joseph Bayle.
Jean Ortet.
Louis Duclos.
Dominique Camin.
Bernard Salles.
Pierre Barousse.

Pierre Pegot.
Felix Bonnet.
Joseph Millet.
Jean Cazave.
Blaise Barousse.
Jean Pegot.
Grégoire Sales.
Bernard Serres.
Jean Sarlabous.
Dominique Charriere.
Pierre Despagne.
Pierre Guichareau.
Baptiste Allemand.
Mathieu Mourlan.
Bertrand Cahuzac.
Bernaton Sales.
Laurent Samatan.
Jean Nogués, pere.
Jean Nogués, fils.
Jean Nogués, du Fauxbourg.
Jean-Paul Lombard.
Jean-Bertrand Cazeneuve.
Baptiste Cazeneuve.
Jean Pegot, Aubergiste.
Jean Ajustron.
Bertrand Dardignac.
Jean Barousse.
Bernard Barousset.
Jean Labatut.
Jean-Pierre Lacombe.
Jean-François Sensat.
Laurent Baboulet.
Bertrand Camin.
Pierre Degé.
Jean-Pierre Doussat.
Jean Sallès.
Vincent Barutaud, pere.
Jean Barutaud, fils.
Alexandre Barutaud, fils.
Alexandre Artigues.
François Labatut.
Bernard Labatut, fils.
Jacques Jachambic.
Barthe.
Pierre Salles.
Pierre Fontan.
Jean Dubois, pere.
Jacques Dubois, fils.
Baptiste Duclos.
Jacques Laugard, pere.
Laugard, fils cadet.
Senac, pere.
Senac, fils.
Antoine Samouilhan.
Vincent Samouilhan.
Antoine Crampagne.
Pierre Salles.
Pierre Attané.
Joseph Debax.
Barthélemi Debax.

Pierre Camin.
Pierre Sarlabous.
Jean-Baptiste Cavé.
Mathieu Salles.
Guillaume Cazeneuve.
Giles Desanglés.
Joseph Degan.
Louis Pegot.
Joseph Cazeneuve.
Jean Dulion.
Pierre Dulion.

Tous les Registres seront remis à la nouvelle Société; les Sociétaires actuels en demeurent responsables s'il s'en égare aucun.

3°. La nouvelle Société procédera à l'épuration des Autorités constituées de Montagne-sur-Garonne; ce travail sera adressé à l'Agent National près le District de Mont-Unité.

4°. Fonade, Chanfrau & Balaresque, pere, sont renvoyés devant le Comité de Surveillance, pour leur appliquer, s'il y a lieu, les dispositions de la Loi du 17 Septembre (vieux style.) Chanfrau est en outre destitué de la place de Greffier de la Commune, & Laugar est nommé en remplacement.

5°. Le nommé Rouede, habitant de Salies, ex-Législateur Fayetiste, & le nommé Lasmartres, cadet, Maire de Cassaignés, ex prétendu Noble, seront conduits dans la Maison de reclusion des Carmélites à Toulouse.

6°. Le Comité de Surveillance pour le Canton de Montagne-sur-Garonne sera composé des Citoyens Philippe Pugibet, Barthélémi Barthe, Jean, Bertrand Cazeneuve, Campagne, Baptiste Duclos, Bernard Bergés, Blaise Sarlabous, habitans de Montagne-sur-Garonne; Pierre Barousse, habitant d'Auzas; Jean-François Saussac, habitant de Bouchelot; Dominique Ferran, habitant de Manssious; Dagnas, fils, habitant de Marignac, Jean Hortet, habitant de Castillon.

Ce Comité se réunira sans délai. Le Représentant du Peuple attend de son zele que ses opérations, en frappant les ci-devant

Nobles, Privilégiés, Fédéralistes & Aristocrates, lui concilieront l'estime des Sans-Culottes.

Ce Comité recevra l'indemnité fixée par la loi du 5 Septembre, dont l'exécution a été de plus fort ordonnée par le Décret du premier Pluviôse, rendu sur la réclamation du Comité de Surveillance de Belleville; en conséquence l'Administration du District fera former les Rôles d'après le mode prescrit par ladite Loi du 5 Septembre.

7°. Les Membres composant le Conseil Général de la Commune de Montagne-sur-Garonne, qui ne sont pas du nombre des quatre-vingts-quinze Montagnards ci-dessus cesseront à l'instant leurs fonctions & seront remplacés sur l'indication de la Société Populaire.

8°. Charge le Directoire du Département de faire imprimer sur le champ le présent Arrêté, & de l'adresser à tous les Districts, Communes & Sociétés Populaires de son ressort, l'exécution demeurant confiée à l'Agent National près le District de Mont-Unité.

Fait à Mont-Unité (ci-devant St.-Gaudens) le jour que dessus,

DARTIGOEYTE, *signé.*

PAR *le Représentant du Peuple,*

Ducos, Secrétaire, signé.

Vu pour être imprimé & envoyé aux Districts, Municipalités, & aux Sociétés Populaires du Département.

A Toulouse, le 5 Ventôse, l'an deuxieme de la République Française.

SARTOR, Président.

BEGUILLET, Secrétaire-Général.

A TOULOUSE, de l'Imprimerie de JOSEPH DALLES, premiere Sect., N°. 110.

RÉPUBLIQUE FRANÇAISE, UNE ET INDIVISIBLE.

LIBERTE, EGALITÉ,

AU NOM DU PEUPLE FRANÇAIS.

DARTIGOEYTE, REPRÉSENTANT DU PEUPLE dans les départemens du Gers & Haute-Garonne :

Vu les délibérations de la société populaire de Muret, chef-lieu de district, département de Haute-Garonne, en date des 25, 26 & 27 pluviôse, relatives à l'épuration des autorités constituées ;

Vu un mandat de mise en reclusion décerné par le comité de surveillance de la commune de Muret, contre le citoyen Marrast, membre du directoire du district de Muret ;

Notre arrêté du 30 pluviôse, qui annulle ce mandat comme contraire à la loi, étant décerné contre un fonctionnaire public non destitué ou suspendu, & cependant arrête que les dénonciations nous seront remises pour y être prononcé ;

Vu 1°. un exemplaire d'une adresse liberticide, fédéraliste & attentatoire à la souveraineté du peuple, datée du 16 juin, faite au nom de la société populaire de Muret, dont Marrast est accusé d'être l'auteur ; 2°. une délibération de la société populaire de Peyrollières, ci-devant Sainte-Foi, d'où résulte que Marrast est l'auteur de l'infâme adresse ; 3°. un mémoire du comité séant à Muret, le tout fourni en exécution de notre arrêté du 30 pluviôse ;

Vu finalement un dossier remis par Marrast, contenant plusieurs pièces justificatives, & notamment deux délibérations de la société populaire de Saint-Lis & Rieumes, qui le disculpent de l'imputation de fédéralisme ;

Après nous être rendus dans la commune de Muret, y avoir conféré avec le peuple, réuni dans la ci-devant église Saint-Jacques, fait lire l'adresse fédéraliste & autres pièces, entendu Marrast, ainsi que plusieurs citoyens durant une séance de quatre heures;

Après avoir également conféré avec l'agent national près le district, & avec le comité de surveillance:

Considérant qu'il est établi, par l'aveu même de Marrast, qu'il est l'auteur, le rédacteur & le lecteur de l'adresse du 16 juin;

Que cette adresse fut revêtue de cent vingt-une signatures, envoyée à Toulouse, imprimée en format, & insérée dans le journal du département de Haute-Garonne;

Que Marrast propagea les principes Girondins dans la commune de Saint-Lis, & y brigua les suffrages pour être député sectionnaire à la prétendue assemblée départementale;

Que Marrast est représenté par des montagnards énergiques de Toulouse, comme tenant les deux mains, comme ayant manifesté à Toulouse, dans le mois de juin dernier, des principes qui dominoient alors, & qui devoient amener la ruine de la République une & indivisible;

Considérant que les preuves de repentir, alléguées par Marrast, se bornent au fait d'avoir embrassé, huit jours après l'envoi de l'adresse, un citoyen qui lui annonça être allé à Toulouse, pour reprendre l'original & le brûler clandestinement. Mais Marrast ne fit aucune rétractation; il se mit peu en peine d'opposer une morale républicaine au venin distillé dans l'adresse, dont la publicité étoit notoire par l'insertion au journal & l'impression; en sorte que si les montagnards eussent succombé, Marrast auroit encore joué un grand rôle parmi les Girondins;

Considérant que les attestations des sociétés populaires en faveur de Marrast, rappellent aux vrais patriotes, que la presque totalité du district de Muret fut égarée sur les mémorables journées des 31 mai, 1er. & 2 juin, que les assemblées primaires s'y formèrent illégallement, & qu'aujourd'hui sans doute les mêmes intrigans, coriphées du fédéralisme, dominent dans les communes de campagne; trompent les bons agriculteurs, au moyen de quelques simagrées prétendues civiques; qu'ainsi on doit voir dans ces délibérations, non le vœu du peuple essentiellement probe & patriote, mais le vœu des meneurs;

Considérant que l'adresse du 16 juin est un monument unique de délire & d'insolence, tel que Bordeaux & Marseille n'en ont pas produits d'aussi virulens; en sorte qu'après avoir lu cet écrit atroce, où l'on ose dire, *que le sceau de la lâcheté & l'infamie est empreint à jamais sur le front des députés fidelles; que la proclamation du 31 mai est un tissu de mensonges, &c. &c.*, il est bien difficile de croire au repentir, au républicanisme de celui qui est en fut l'auteur;

Considérant que rapprochant cette adresse des trois délibérations de la société populaire de Muret, on voit avec douleur que cette société ne se montre pas à la hauteur des circonstances, puisqu'on vote lors de l'épuration pour que Marrast soit maintenu;

Considérant que cette société avoit, au nombre de cent vingt-un membres, adopté l'adresse, & cependant elle n'a pas procédé à sa régénération, elle n'a pas dénoncé les fonctionnaires publics signataires, elle n'a rien fait pour dévoiler aux Représentans du Peuple les manœuvres des administrateurs du district, qui avoient publié l'arrêté liberticide du département, portant convocation des prétendues assemblées sectionnaires; bien loin de là au contraire, elle donne un témoignage d'estime à George Lacroix, procureur-syndic, destitué de ses fonctions; elle vote pour conserver dans le comité de surveillance le nommé Monié, homme de loi & fanatique; le nommé Alayrac, aussi homme de loi, aussi fanatique, & en outre ayant été reclus comme suspect; enfin, l'épuration en général maintient la composition actuelle de toutes les autorités constituées.

Cependant le district de Rieux ayant député, au mois de juin dernier, Barrau, un de ses membres, vers le district de Muret, pour se réunir contre les fédéralistes, le district de Muret écrivit qu'il avoit obéi au département, en envoyant aux communes l'arrêté liberticide, & dans la conférence que Barrau eut avec George Lacroix, procureur-syndic, ce dernier manifesta son approbation formelle aux mesures adoptées par le département contre l'indivisibilité de la République;

Considérant que Desacy, membre du directoire du district, fut envoyé à l'assemblée départementale à Toulouse, que d'abord il parut antifédéraliste, mais qu'ensuite il abusa de la confiance de Descombels, Lafont & autres montagnards, pour se réunir aux chefs de parti, qui vouloient la commission populaire;

Que Cappé, commissaire national près le tribunal judiciaire du district de Muret, se transporta dans la commune d'Auterrive, pour y prêcher le fédéralisme ; mais qu'il eût l'astucieuse adresse de se faire donner une attestation négative, ce qui a été déclaré au comité de surveillance de Muret, par le citoyen Troy, qui avoit eu la complaisante foiblesse de signer ;

Que le maire de St.-Lis, député sectionnaire, fédéraliste outré, exerce la plus dangereuse influence dans sa commune, protège ouvertement ses camarades en girondisme ;

Considérant qu'il n'y a dans la commune de Muret aucun temple de la raison ; tandis qu'un ci-devant prêtre y exerce un culte public, après avoir abdiqué, en déposant ses lettres de prêtrise ;

Considérant que dans de telles circonstances, les représentans du peuple doivent prendre des mesures énergiques, capables d'arrêter les progrès du mal, en appliquant la loi du 14 août à tous les fonctionnaires publics coupables ;

Résolu de ne jamais transiger avec ses devoirs, & à sauver le peuple des piéges des erreurs, que les girondins, aristocrates, royalistes, lui ont dès long-temps préparé ;

Comptant sur l'austérité révolutionnaire des montagnards, assuré que les sanculottes accableront de leurs mépris des hommes qui détestent l'égalité, accaparent les places, s'embarrassent peu du bonheur de leurs frères ;

ARRÊTE :

1°. Le travail d'épuration fait par la société populaire de Muret est déclaré comme non avenu.

2°. Marrast, membre du directoire du district, est destitué de ses fonctions. Il sera sur-le-champ conduit dans la maison de reclusion, dite des Carmelites, à Toulouse.

3°. Desacy, membre du directoire du district, & Cappé, commissaire national près le tribunal judiciaire, sont provisoirement suspendus de leurs fonctions : ils seront, ainsi que George Lacroix, ex-procureur-syndic, mis en état d'arrestation, chez eux, avec un garde, à leurs frais, jusqu'à ce qu'après le résultat des nouveaux renseignemens, il soit prononcé sur leur compte.

4°. L'administration du district désignera deux de ses membres pour remplir les fonctions au directoire, en remplacement de Desacy & Marrast. Le tribunal judiciaire désignera un de ses membres, pour commissaire national, en attendant qu'il y soit pourvu.

5°. Monié & Alayrac sont destitués de la place de membres du comité de surveillance, séant à Muret; les dix autres membres continueront leurs fonctions. Alayrac restera dans sa maison, en état d'arrestation, sans garde, sous la surveillance de la municipalité.

6°. Le nommé Dolivié, ex-noble, est destitué de la place d'officier municipal.

7°. Le Maire de St.-Lis est provisoirement suspendu de ses fonctions. Il sera mis en état d'arrestation, à Muret, dans le domicile qu'il choisira, avec un garde, à ses frais.

8°. Le ci-devant curé de Muret, se rendra sur-le-champ à Toulouse : il se présentera devant la municipalité, pour demeurer sous sa surveillance, & la municipalité prendra des mesures convenables, pour être assurée de la présence & de la conduite du ci-devant curé.

9°. Attendu les témoignages qui nous sont parvenus en faveur du citoyen Terrenq, agent national près le district, il est maintenu dans ses fonctions.

10°. Alexis Sevenes est nommé agent national près la commune de Muret, en remplacement de Duclos; & comme Sevenes exerçoit les fonctions de greffier près le tribunal judiciaire, le citoyen Gasq est nommé en remplacement.

11°. Toutes les autorités constituées séantes à Muret continueront provisoirement leurs fonctions, sauf les changemens ci-dessus, en attendant l'épuration qui aura lieu dans la forme ci-après.

12°. La société populaire de Muret, telle qu'elle existe actuellement, est dissoute. Les dix membres du comité de surveillance, les agens nationaux près le district & la commune formeront le noyau de la nouvelle société régénérée. Tous les registres leur seront remis; & ils admettront, après discussion, soit ceux des anciens membres reconnus par leurs principes montagnards, soit ceux des sanculottes francs républicains, qui voudront se présenter.

13°. Les comités réunis de surveillance de la commune & de la société populaire de Toulouse désigneront quatre montagnards probes, austères, éclairés, lesquels, en qualité d'agens par nous spécialement délégués, se rendront à Muret, pour, de concert avec le noyau de la nouvelle société populaire, procéder à son entière organisation.

14°. Ces quatre commissaires procéderont avec la nouvelle société, à l'épuration de toutes les autorités constituées séantes à Muret; ils formeront un tableau général de ceux qui seront conservés, de ceux qui seront destitués, avec le nom des remplaçans.

Ils se feront représenter les registres des autorités constituées : ils veilleront à ce que les fonctionnaires publics, adhérans au fédéralisme, aux assemblées sectionnaires, n'échappent pas aux dispositions de la loi du 14 août & 17 septembre (vieux style).

Ils se feront rendre compte de l'exécution, dans l'étendue du district de Muret, de notre arrêté du 2 nivôse, relatif aux ci-devant nobles, en observant que les certificats de civisme doivent être visés par le district & le directoire du département.

Ils se feront également rendre compte par tous les comités de surveillance du district de la manière dont on a opéré. Ils vérifieront le travail demandé par nos lettres imprimées des 24 & 28 pluviôse, concernant les reclus.

15°. Les procès-verbaux d'épuration dans les communes du district seront remis auxdits commissaires, qui sont chargés de prendre tous les renseignemens possibles, afin que des fédéralistes ne soient ni nommés ni maintenus. Ils formeront, d'après ces renseignemens, de concert avec l'agent national près le district, un tableau général canton par canton, commune par commune, dans la forme prescrite par l'article précédent. Les assesseurs des juges de paix y seront compris, ainsi que tous les fonctionnaires.

16°. Les commissaires se feront remettre les listes que les communes doivent fournir pour former les comités de surveillance, en conformité de l'arrêté du 1er. courant, & ils vérifieront si les citoyens désignés sont des intrigans, des hommes passionnés, ou des citoyens dignes de la confiance du peuple.

A l'effet de remplir le mandat ci-dessus, les commissaires pourront parcourir les communes du district, conférer avec les sociétés populaires, régénérer ces mêmes sociétés, faire aux autorités constituées telles réquisitions qu'il appartiendra; mais leur travail n'aura son exécution qu'après un arrêté d'approbation de la part des représentans du peuple.

17°. Les mêmes commiſſaires vérifieront la conduite de Deſacy, Cappé, & du maire de Saint-Lis, ils nous donneront à cet égard un avis motivé.

Les mêmes commiſſaires recevront une indemnité proportionnée d'après les états de dépenſes qui nous ſeront préſentés; le diſtrict leur remettra des exemplaires de chacun des arrêtés & lettres dont l'exécution eſt recommandée.

18°. Les ſociétés populaires ſont invitées à éclairer le peuple à ſe bien pénétrer que les fédéraliſtes, quelque maſque qu'ils prennent aujourd'hui, ſont les plus dangereux ennemis de la liberté : malheur aux citoyens qui leur donneroient encore la moindre confiance. Les ſociétés s'empreſſeront ſans doute de les chaſſer de leur ſein, & de les déſigner aux comités de ſurveillance.

19°. Sera le préſent arrêté, imprimé à la diligence du département de Haute-Garonne, envoyé à tous les diſtricts du reſſort, communes & ſociétés populaires, lu, publié & affiché; l'agent national près le diſtrict de Muret étant chargé de l'exécution, ſous ſa reſponſabilité perſonnelle.

FAIT à Mont-unité (ci-devant Saint-Gaudens), le jour que deſſus.

DARTIGOEYTE, *ſigné.*

Par le repréſentant du peuple, F. DUCOS, *ſecrétaire.*

Vu pour être imprimé ſur-le-champ, & envoyé aux diſtricts, municipalités & ſociétés populaires du département.

Fait à Toulouſe, le cinquième Ventôſe, an ſecond de la République Françaiſe, une & indiviſible.

SARTOR, préſident.

REGUILLET, *ſecrétaire-général.*

A TOULOUSE,

De l'Imprimerie de la Veuve DOULADOURE, rue Saint-Rome.

RÉPUBLIQUE FRANÇAISE, UNE ET INDIVISIBLE.

LIBERTÉ, ÉGALITÉ.

AU NOM DU PEUPLE FRANÇAIS,

Le 5e. jour du mois de Ventôſe de l'an 2e. de la République Françaiſe.

DARTIGOEYTE, Représentant du Peuple dans les Départemens du Gers & Haute-Garonne.

VU le Mémoire qui nous a été préſenté par l'Adminiſtration du Diſtrict de Muret, Département de Haute-Garonne, tendant à être autoriſé à faire enſemencer en Pommes de terre le Jardin de la Maiſon Nationale qui ſe trouve à Longage, & à cet effet d'arracher quelques vieux arbres qui ne ſont d'aucune production ;

Conſidérant qu'à l'avantage qu'il réſulte de la culture de cette plante pour alimenter les Citoyens, ſe réunit encore le moyen d'utiliſer les Jardins immenſes des Maiſons des Emigrés & des Edifices Nationaux ;

Conſidérant combien il importe à l'intérêt public de détruire les préjugés locaux qui font méconnoître aux Agriculteurs la grande utilité de la culture des Pommes de terre ;

Arrête qu'à la diligence des Directoires des Départemens du Gers & Haute-Garonne, tous les Jardins des Maisons Nationales & d'Emigrés, exiſtans dans leur Reſſort reſpectif, ſeront enſemencés en Pommes de terre dès que la ſaiſon ſera arrivée.

Autoriſe en conſéquence leſdites Adminiſtrations, qui nous rendront compte de l'exécution du préſent Arrêté, à faire tous achats pour ſe procurer leſdites Pommes de terre, ainſi qu'à requérir tous Cultivateurs néceſſaires pour les faire fructifier. Les autoriſe en outre, ſi beſoin eſt, à faire arracher les arbres fruitiers, & tous autres qui ne ſeroient d'aucun produit, & qui contrarieroient la culture des Pommes de terre.

Le préſent Arrêté ſera ſur-le-champ imprimé à la diligence des Directoires des Départemens du Gers & Haute-Garonne, & adreſſé aux Autorités Conſtituées, Communes & Sociétés Populaires de leur Reſſort reſpectif.

Fait à Mont-Unité (ci-devant Saint-Gaudens) Département de Haute-Garonne, le jour que deſſus. Signé DARTIGOEYTE.

Par le Repréſentant du Peuple ;

F. DUCOST, Secrétaire, ſigné.

VU au Département de Haute-Garonne, pour être sur-le-champ imprimé & envoyé aux Districts, Municipalités & Sociétés Populaires de son Arrondissement, à l'effet d'y être publié & affiché.

FAIT à Toulouse, le 7 Ventôse, l'an 2 de la République Française, une & indivisible.

SARTOR, Président.

BEGUILLET, Secrétaire-Général.

A TOULOUSE,

De l'Imprimerie de J.-A.-H.-M.-B. PIJON. 1794.

RÉPUBLIQUE FRANÇAISE, UNE ET INDIVISIBLE.

LIBERTÉ, ÉGALITÉ,

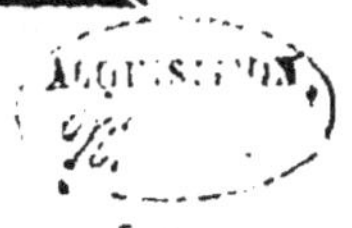

AU NOM DU PEUPLE FRANÇAIS.

Le 6e. jour du mois de Ventôse de l'an deuxième de la République.

DARTIGOEYTE, REPRÉSENTANT DU PEUPLE dans les départemens du Gers & Haute-Garonne,

Vu la délibération de la société populaire de Mont-Unité (ci-devant Saint-Gaudens), chef-lieu de district, département de Haute-Garonne, en date du 4 courant, portant que voulant se régénérer, elle se déclare dissoute, & nomme dix-huit sanculottes pour former le noyau de ladite société;

Après nous être rendus à Mont-Unité, y avoir conféré avec la presque totalité des citoyens, réunis dans la salle de la société, durant une séance de cinq heures;

Après nous être transportés au district & avoir vérifié les registres, interrogé les administrateurs en présence du peuple;

Finalement après avoir conféré avec le noyau de la nouvelle société & des citoyens des différens cantons, réunis dans notre maison:

Considérant que l'administration du district de Mont-Unité adopta les principes fédéralistes du département de Haute-Garonne, en ce que ayant reçu l'arrêté liberticide du département pour convoquer les assemblées primaires, l'écrit atroce de Barras, une adresse de Nantes, une adresse de Bordeaux, un discours du traître Lanjuinais & autres productions infames, elle les expédia à toutes les communes de son ressort;

Que cependant lâches dans le crime, voulant se ménager des moyens évasifs, ces administrateurs perfides n'osèrent pas écrire aux municipalités, ni coucher l'arrêté sur leurs registres, parce qu'ayant d'abord chargé l'agent national actuel, lors procureur-syndic, de faire les envois, ce magistrat répondit en protestant contre de pareilles démarches :

Considérant qu'au fait de l'envoi commun aux administrateurs en général, sauf ceux dont sera parlé, se réunissent des faits particuliers à quelques-uns qui font assez connoître les meneurs pour diriger les premiers coups de la vengeance nationale ;

Qu'il résulte des renseignemens, que Cazaux, alors président du district, & aujourd'hui commandant du bataillon de la levée en masse, fut député à l'assemblée prétendue départementale, où il se montra fédéraliste tellement outré, qu'il écrivit au vice-président du district une lettre virulente, soustraite depuis, mais dont l'existence a été suffisamment attestée ; d'ailleurs même reconnue par Cazaux, qui s'est excusé en nous disant qu'il fut égaré pendant cinq jours ;

Que Sartor, membre du directoire, se rendit le 24 juin dernier pour faire adopter les mesures Girondines par l'assemblée primaire de Montregeau, qui fut se garantir du piége ;

Que Court, médecin, autre membre du directoire, tint à Salis des propos outrageans contre la Représentation nationale ; ajoutant que la *Convention votoit sous les poignards, que c'étoit le cas de la résistance à l'oppression ;* fait qui nous a été attesté par cinq témoins ;

Que ces deux administrateurs influençant le conseil, ont persécuté avec acharnement les vrais Montagnards, provoqué des mandats d'arrêt (dont notre collégue Paganel fit justice) contre des hommes du 31 mai, sous prétexte que trois sociétés populaires avoient formé un comité commun, désigné par eux comme fédéraliste, tandis que ce comité n'existoit plus à l'époque de la loi du 14 frimaire ; tandis que ce comité ne s'étoit occupé qu'à dénoncer aux Représentans du Peuple les traitres, les intrigans, les fédéralistes, ennemis éternels de la Montagne ; tandis que Sartor & Court notamment se trouvoient démasqués :

Considérant qu'en dévoilant la conduite des coupables, il est de notre devoir de distinguer les citoyens St. Gés, Sacaze, Dastuge & Bascan, qui ont constamment fait leur devoir ; Soussens & Senlis, alors absens pour cause de maladie :

Considérant que le tribunal judiciaire compte au nombre de ses membres le nommé Dario, secrétaire d'une assemblée sectionnaire, & député fédéraliste à l'assemblée départementale, qui a l'impudence de rester au poste de juge, après son exclusion de la Convention Nationale, où il auroit été appelé comme premier suppléant, s'il se fût montré bon citoyen;

Que ce même tribunal a pour commissaire national un nommé Dastres fils, président d'une assemblée sectionnaire, & aussi député fédéraliste à l'assemblée départementale :

Considérant qu'il est temps enfin d'arracher le peuple à de trop longues erreurs, & de venger la liberté des outrages, des trahisons, des menées dont les faux patriotes se sont rendus coupables :

Considérant que les fédéralistes sont les ennemis les plus dangereux de la révolution, qu'écrasés aujourd'hui sous le poids de la massue nationale, ils se traînent dans l'ombre, se plâtrent d'un civisme qu'ils n'eurent jamais, pour mieux influer les Sansculotes confians, & vendre ensuite la République aux agens de Pitt & de Cobourg, qui certes intriguent encore de toutes les manières, dans l'espoir de relever les débris du despotisme en France :

Considérant que le comité de surveillance, séant à Mont-Unité, doit être recomposé en entier par les soins du Représentant du Peuple, afin de s'assurer que les ennemis de la chose publique seront poursuivis jusques dans leur dernier repaire

Considérant que le conseil général de la commune & les autres autorités constituées sont suceptibles de quelques changemens :

Voulant raffermir les bases de la liberté dans le district de Mont-Unité, très-intéressant par sa situation sur les frontières, donner aux administrés des magistrats probes, austères, montagnards, qui les fassent jouir des bienfaits de la révolution, en surveillant l'exécution des lois,

ARRÊTE :

1°. Le citoyen Mariande, agent national près le district de Mont-Unité, continuera ses fonctions.

2°. L'administration du district sera remplacée & formée comme suit :

PRÉSIDENT.

Bascan, habitant de Valentine.

DIRECTOIRE.

Saint-Gés, habitant de Bagnères de Luchon.

Sacaze, habitant de Saint-Béat.

Daric cadet, habitant de Valentine.

Deben fils, habitant de Saint-Frageou.

CONSEIL.

Dastuge, habitant de Boulogne.

Garic, habitant de Marsoulas.

Jean-François Senssac, habitant de Bouchetot.

Claverie, habitant de Terre-Basse.

Pascal aîné, habitant de Montregeau.

Camparau, habitant de Mont-Unité.

Lamole, habitant de Darbas.

SECRÉTAIRE GÉNÉRAL.

Lucas.

ARCHIVISTE.

Neullat.

Les anciens membres, non reclus, sont destitués pour cause de fédéralisme, excepté Soussens & Senlis, qui sont remplacés pour cause d'infirmités & défaut de lumières.

3°. Cazaux, ex-président du district, commandant actuel du bataillon de la levée en masse; Cazes, habitant d'Antiemont (ci-devant St.-Béat) ex-député fayétiste, & actuellement capitaine dans le même bataillon, sont destitués pour cause de fédéralisme & d'incivisme; le général Sol, ou l'adjudant général Lapenne, les feront arrêter & conduire dans la maison de reclusion, dite des Carmelites, à Toulouse.

4°. Sartor & Court, ex-membres du directoire, seront également traduits dans la même maison de reclusion.

5°. Dario, juge, & Dastres, commissaire national près le district judiciaire, sont destitués de leurs fonctions, ils seront traduits sur le champ dans la même maison de reclusion à Toulouse.

Le tribunal sera composé comme suit :

Mariande aîné, président.

Couziers.
Tataro.
Gaudens Danizans.
Caubous aîné.
} juges.

Faudeuil, notaire, Commissaire national, à la charge qu'il optera.

Surberville, greffier.

Il n'y aura pas de suppléans.

6°. Le citoyen Claverie qui étoit président du tribunal, est nommé juge de paix du canton d'Antremont (ci-devant Saint-Béat.)

7°. Le bureau de conciliation restera tel qu'il est composé, à l'exception de Navarre aîné, ménuisier, qui remplacera Caubere, & Barrere dit Bagneres, qui remplacera Conté, officier municipal.

8°. Le juge de paix de la commune, est maintenu dans ses fonctions. Les assesseurs seront,

Caubet oncle.
Gertoux.
Fochts.
Pousson aîné.

Bergonan cadet, secrétaire-greffier.

9°. La municipalité restera telle qu'elle est composée, excepté Peyrussan père, qui remplace Fadeuil ménuisier, nommé au comité de surveillance, Sabatier à Gabastou, qui remplacera Dastres père, & Ste.-Marie fils, roulier, qui est nommé pour completter le corps municipal.

Le conseil général de la commune sera composé de la manière suivante.

NOTABLES.

Vaysse, agriculteur.
Dascarquel, plâtrier.
Troupet, tapissier.
François Auberdiac, Marchand.
Bordes, boulanger.
Abadie, marchand.
Bourlier, tisserand.
Gros, tailleur.
Anselme, boucher.
Armelin, boucher.
Adou dit Richet, aubergiste.
Lucault père, aubergiste.
Bordages, chirurgien.
Gareau aîné, écrivain.
Durand fils, marchand.
Joly, agriculteur.
Léonard Lafolle, jardinier.
Mesan, aubergiste.

Germain fils, agent national près la commune.

Couret père, secrétaire-greffier.

10°. Le comité de surveillance de la commune de Mont-Unité, est suprimé;

En remplacement, il est établi un comité de surveillance pour la commune & canton de Mont-Unité, composé comme suit : lequel a été par nous, ainsi que le conseil général de la commune, installé au pied de l'arbre de la liberté, en présence du peuple.

Aloin, plâtrier.	Habitans de Mont-Unité.
Peyrussan fils, perruquier.	
Lafaye, huissier.	
Fadeuil, ménuisier.	
Gouyon.	
Danizan fils.	
Bache.	

Couat père, dit Comere, habitant de Villeneuve.

Rouede, sculpteur, habitant de Valentine.

Lahore dit Bandome, habitant de Miramont.

Lafuste fils, habitant de Barchs-Isnard.

Jean Orchet, habitant de Saint-Ancarbon.

11°. Ce Comité commencera sur-le-champ ses opérations; il appliquera aux fonctionnaires publics destitués les dispositions de la loi du 17 septembre dernier (vieux style), en ayant cépendant égard au caractère, à la moralité & au degré d'influence de chacun d'eux. Le représentant du peuple lui recommande expressément les fédéralistes, les députés sectionnaires : il lui recommande en outre l'exécution de l'article 4 de l'arrêté du 2 nivôse, portant reclusion des ci-devant nobles non pourvus de certificats de civisme; observant que ces certificats, outre le visa de la société populaire du chef-lieu de canton, doivent être revêtus du visa du district & du département; observant encore, que les visa apposés par l'ancien district, doivent être considérés comme non avenus, s'ils ne sont pas approuvés par la nouvelle administration.

12°. Les membres de ce comité recevront l'indemnité de trois livres; il leur sera fourni par le district une somme suffisante pour les frais du bureau; le tout se percevra à la diligence de l'agent-national, d'après le mode déterminé par le décret du 5 septembre.

13°. Les épurations dans les cantons de Montagne-sur-Garonne (ci-devant St.-Martory) & de Salis, sont déclarées nulles. L'administration désignera de nouveaux commissaires, pour procéder, en conformité de nos précédens arrêtés. Les verbaux existans seront remis aux commissaires, pour servir de renseignemens.

L'administration du district vérifiera de nouveau le travail relatif aux épurations des autres cantons.

Elle formera un tableau général, canton par canton, commune par commune, des fonctionnaires publics conservés, de ceux destitués, avec les noms des remplaçans.

14°. La prompte exécution de toutes les dispositions ci-dessus est confiée à l'agent national, près le district de Mont-Unité, qui nous en rendra compte incessamment.

15°. Les sociétés populaires sont invitées à s'épurer, à chasser de leur sein les fédéralistes, les patriotes de nouvelle date, les modérés, les muscadins, &c. &c. pour ne conserver que ces enfans robustes de la liberté, ces montagnards fidelles, que les poignards des assassins n'intimident pas; que l'or, l'ambition, l'orgueil & la molesse n'ont jamais corrompu.

16°. Charge le directoire du département de Haute-Garonne de faire imprimer, en format & en placard, le présent arrêté, & de l'envoyer aux districts, communes & sociétés populaires de son ressort.

Fait à Mont-Unité (ci-devant St.-Gaudens), département de Haute-Garonne, le jour que dessus.

DARTIGOEYTE, *signé.*

Par le Représentant du peuple,

DUCOS, secrétaire.

Vu au département de Haute-Garonne, pour être imprimé sur-le-champ, & envoyé aux districts, municipalités & sociétés populaires de son arrondissement.

Toulouse, le 7e. ventôse, an second de la République une & indivisible.

SARTOR, président.

BEGUILLET, secrétaire-général.

De l'Imprimerie de la Veuve DOULADOURE, rue Saint-Rome.

RÉPUBLIQUE FRANÇAISE, UNE ET INDIVISIBLE.

LIBERTÉ, ÉGALITÉ.

AU NOM DU PEUPLE FRANÇAIS.

Le 6e. jour du mois de Ventôſe, de l'an ſecond de la République Françaiſe, une & indiviſible, au ſoir.

DARTIGOEYTE, REPRÉSENTANT DU PEUPLE dans les départemens du Gers & Haute-Garonne :

Conſidérant qu'en s'entourant des lumières des ſanculottes de Mont-Unité (ci-devant Saint-Gaudens) & des divers cantons, le Repréſentant du peuple a voulu faire une juſtice éclatante de tous les fédéraliſtes, déjouer les intrigues, donner aux citoyens des magiſtrats dignes de leur confiance par leurs principes conſtamment montagnards ;

Que cependant, malgré ces précautions, le monſtre du fédéraliſme eſt parvenu non-ſeulement à ſauver certains coupables, mais à les préſenter comme d'excellens patriotes ; puiſque Baſcans, membre de l'ancien diſtrict, & Barric cadet, maire de Valentine, ont été nommés par arrêté de ce jour, proclamé en préſence d'un peuple immenſe devant l'arbre de la liberté ; ſavoir, le premier pour préſident, le ſecond pour membre du directoire du diſtrict ; tandis qu'il vient d'être reconnu, 1°. que Baſcans fut du nombre des adminiſtrateurs ſcélérats, qui votèrent l'envoi aux communes de l'arrêté liberticide du département de Haute-Garonne, avec les productions infames qui l'accompagnoient; & qu'à suite de cette délibération, il se rendit à Valentine, où il présida l'assemblée sectionnaire; 2°. que Barric, d'accord avec son ami Bascans, publia, soit l'arrêté, soit les écrits girondins, & convoqua l'assemblée sectionnaire; fait qui nous a été attesté par des citoyens dignes de foi, & avoué par Bascans lui-même, que nous avons appelé à Montrejau:

Considérant qu'il importe de réparer promptement une erreur involontaire, d'apprendre aux mauvais citoyens que les intrigues retombent sur leurs auteurs dans un gouvernement libre, où chaque républicain peut se faire entendre, & est assuré de trouver un accès facile auprès des Représentans, qui vérifient les dénonciations avec une austérité révolutionnaire;

ARRÊTE:

1°. Le baiser fraternel, donné ce matin à Bascans, comme président du district, lui est retiré, pour cause de fédéralisme.

2°. Bascans & Barric sont destitués de leurs fonctions; ils seront sur-le-champ traduits dans la maison de reclusion, dite des Carmelites, à Toulouse.

3°. Le citoyen Lacroze aîné, président de la société populaire de Montrejau, qui résista à toutes les menées fédéralistes, est nommé président du district: Camparan, administrateur du conseil, remplacera Barric au directoire; & Lacoste, maire de Maussaunés, remplira la place d'administrateur au conseil.

4°. Le Représentant du peuple déclare qu'il poursuivra les Girondins, leur arrachera le masque de civisme, dont ils prétendent se couvrir, & qu'il se montrera contr'eux aussi terrible que la loi.

En conséquence, l'administration du district demeure tenue de se faire apporter incessamment tous les registres des assemblées sectionnaires, & de former le tableau de tous les présidens, secrétaires & députés de ces assemblées, en indiquant les fonctions publiques, ou la profession de chacun d'eux.

5°. Si dans le délai d'une décade, à dater de la réception du présent, ce tableau n'est pas remis, l'administration sera traitée comme étant elle-même fédéraliste, ou complice des fédéralistes.

L'administration, au cas que les registres aient été soustraits, devra faire déclarer par les municipalités, sous peine de reclusion, le nom des présidens, secrétaires & députés.

6°. Le district formera en outre, dans le même délai, un second état contenant le nom des maires ou agens près les communes, qui ont convoqué les assemblées sectionnaires. Il justifiera de ses diligences pour le remplacement, & s'il y a lieu, pour la reclusion de ces magistrats infidelles, de même que pour la reclusion de tous les fonctionnaires publics, présidens, secrétaires ou députés desdites assemblées.

Il formera aussi le tableau des tribunaux judiciaires qui ont député aux assemblées départementales, en indiquant si les membres de ces tribunaux sont, ou non, destitués & en état d'arrestation.

7°. Les articles 4, 5 & 6 sont déclarés communs à tous les districts du département de Haute-Garonne & du Gers.

8°. Les directoires des départemens du Gers & Haute-Garonne formeront également, dans le délai d'une décade, l'état nominatif des membres de l'ex-conseil général, qui ont adhéré aux mesures liberticides, en indiquant si ces administrateurs sont, ou non, dans les maisons de reclusion.

9°. Les sociétés populaires sont invitées à nous fournir directement des renseignemens positifs sur l'objet de cet arrêté, & aussi à nous indiquer franchement les administrateurs de district, qui, ayant coopéré à l'envoi des infames productions des départemens de Haute-Garonne, du Gers, Nantes, Marseille, Bordeaux, &c., &c., conservent encore leurs places.

10°. Les agens nationaux près les districts sont chargés, chacun en ce qui les concerne, de la prompte exécution des dispositions ci-dessus.

11°. Le présent arrêté sera imprimé à la diligence des directoires des départemens du Gers & Haute-Garonne; envoyé aux districts, aux communes, sociétés populaires & comités de surveillance de leur ressort respectif, lu, publié, affiché & enregistré.

Fait à Montrejau, district de Mont-Unité, département de Haute-Garonne, le jour que-dessus.

DARTIGOEYTE.

Par le Représentant du Peuple,

F. DUCOS, secrétaire.

Vu au département de Haute-Garonne, pour être imprimé sur-le-champ, & envoyé aux districts, municipalités & sociétés populaires de son arrondissement.

Toulouse, le 9e. ventôse, an second de la République une & indivisible.

SARTOR, président.

BEGUILLET, *secrétaire-général.*

A TOULOUSE,

De l'Imprimerie de la Veuve DOULADOURE, rue Saint-Rome.

RÉPUBLIQUE FRANÇAISE, UNE ET INDIVISIBLE.

LIBERTÉ, ÉGALITÉ.

AU NOM DU PEUPLE FRANÇAIS.

Le 27e. jour du mois de Ventôse, l'an 2e. de la République Française.

DARTIGOEYTE, REPRÉSENTANT DU PEUPLE dans les Départemens du Gers & Haute-Garonne.

EXTRAIT des Registres du Comité de Salut Public de la Convention Nationale, du 13e. jour de Ventôse, de l'an deuxième de la République Française, une & indivisible.

LE Comité de Salut public, sur le rapport de la commission des subsistances & approvisionnemens de la République,

ARRÊTE qu'il sera fait, sans délai, un recensement général des grains de toute espèce qui existent actuellement dans les départemens de Laude & Haute-Garonne.

Le recensement sera fait simultanément, & commencé le même jour dans tous les districts de ces deux départemens.

Il sera fait par des commissaires nommés par les Représentans du Peuple, en nombre suffisant, pour que l'un d'eux au moins se transporte dans chaque canton.

Les commiſſaires ſeront accompagnés de la force armée.

Ils recevront d'abord la déclaration des propriétaires ou cultivateurs, & la leur feront ſigner, ou ils feront mention de ceux qui ne pourront pas ſigner.

Ils procéderont enſuite à la vérification de la déclaration; ils feront les viſites les plus exactes.

Ils feront mettre en état d'arreſtation ceux qui auront des grains cachés, ceux qui auront fait des fauſſes déclarations.

Les commiſſaires remettront leurs procès-verbaux de ſuite aux Repréſentans du Peuple, qui les adreſſeront, ſans délai, à l'adminiſtration des ſubſiſtances & approviſionnemens de la République.

Les commiſſaires ſeront choiſis parmi les Citoyens qui auront donné les preuves les plus conſtantes de civiſme, & qui ne partageant pas les craintes & les défiances ſemées par les malveillans, auront prouvé qu'ils ſont convaincus que tous les Citoyens doivent s'empreſſer de pourvoir aux beſoins des armées, d'aſſurer les ſubſiſtances militaires, d'étendre les reſſources locales, de les porter & de les diſtribuer par-tout où le beſoin eſt le plus preſſant; que les reſſources tirées de l'étranger ſeront communes à toute la République; que juſqu'à ce qu'elles ſoient arrivées en aſſez grande abondance, pour les faire circuler & refluer dans les départemens éloignés des Ports de mer, on doit pourvoir aux beſoins actuels, par la répartition & la circulation la plus prompte des ſubſiſtances qui ſont diſſéminées dans les départemens.

Les Repréſentans du Peuple ſe concerteront pour que l'un d'eux ſe charge de faire exécuter le préſent arrêté, entretienne la plus active correspondance, surveille toutes les opérations, & les fasse terminer aussi promptement que les circonstances l'exigent.

Signés au registre. R. LINDET, CARNOT, BARRERE, PRIEUR, SAINT-JUST, COUTHON, ROBESPIERRE, COLLOT-D'HERBOIS.

Paris, 14 Ventôse, l'an 2e. de la République Française, une & indivisible.

LE COMITÉ DE SALUT PUBLIC,

AUX Représentans du Peuple dans les Départemens de Laude & de la Haute-Garonne.

LA commission des subsistances & approvisionnemens de la République, ne peut connoître la situation des départemens de Laude & de la Haute-Garonne, que par un recensement général. On l'a informée que des propriétaires de grains récellent leurs grains dans des futailles & dans des lieux cachés. Il importe qu'elle connoisse, par la voie la plus prompte, les ressources de ces départemens. Nous avons pris un arrêté dont nous vous recommandons l'exécution. Le succès dépend absolument du choix que vous ferez des commissaires que vous devez nommer. S'ils sont égoïstes, s'ils ont peur de manquer de subsistances, si, au lieu d'inspirer la confiance & la sécurité, ils sont frappés des mêmes craintes & de la même défiance qui agitent leurs concitoyens, l'opération sera manquée, & l'on sera réduit à la nécessité de la faire recommencer. Faites choix de Citoyens qui se conduisent avec prudence, avec fermeté, qui appellent la confiance. Nous attendons chaque jour de nouvelles ressources; mais vous sentez qu'elles ne peuvent arriver que successivement; & en attendant l'arrivée des batimens neutres, il faut assurer le service des armées, & pourvoir aux besoins des communes & des districts qui sont privés de toutes ressources. Salut & fraternité. --- Signés les membres du comité de salut public, R. LINDET, CARNOT.

Vu l'arrêté & la lettre ci-dessus,

ARRÊTE. 1°. Les directoires des départemens de Laude & Haute-Garonne désigneront, sur-le-champ, un Citoyen par chaque canton de leur ressort respectif, pour, en qualité de notre commissaire & agent par nous spécialement délégué, procéder à la prompte exécution de l'arrêté du comité de salut public.

Le commissaire ne pourra point être natif, habitant ou bientenant du canton qui lui sera désigné.

2°. Le Représentant du Peuple déclare aux directoires des départemens de Laude & Haute-Garonne, qu'ils répondront sur leur tête du choix des commissaires; & sans doute ils ne donneront leur confiance qu'à des hommes probes, éclairés & patriotes, afin que l'opération se fasse pour l'intérêt du peuple, conformément aux vues bienfaisantes du comité de salut public.

Les commissaires recevront une indemnité proportionnée à une de leur état de dépense.

3°. Les directoires de département sont invités à éclairer le peuple sur l'objet de cette opération par une instruction simple & précise. Les administrations de district sont aussi invitées à déjouer les intrigues de l'égoïsme & de la malveillance.

4°. Les commiſſaires commenceront leurs opérations le cinq du mois prochain.

5°. Les agens nationaux près les diſtricts & les communes donneront les ordres néceſſaires pour que les commiſſaires ſoient accompagnés de la force armée. Les adminiſtrateurs des diſtricts & les officiers municipaux ſeront reſponſables ſur leur tête des troubles & obſtacles qui pourroient ſurvenir.

6°. Les commiſſaires enverront chaque trois jours, au directoire du département, les procès-verbaux de viſite. Le département formera un tableau général, canton par canton, diſtrict par diſtrict, & il nous l'adreſſera inceſſamment avec les procès-verbaux numérotés.

Les commiſſaires, en cas de difficultés, s'adreſſeront d'abord au diſtrict, qui demeure tenu d'y prononcer ſur-le-champ & de nous en rendre compte.

7°. Les agens nationaux près les diſtricts veilleront à ce que l'opération des commiſſaires s'achève avec le plus de célérité poſſible. Ils nous inſtruiront directement de leurs diligences ce concernant.

8°. Tout commiſſaire, ou agent national, ou diſtrict négligeant, eſt déclaré reſponſable. Il ſera enſuite procédé contre lui d'après la rigueur des loix.

9°. Tout Citoyen déſigné pour commiſſaire, & qui refuſeroit ſans les plus fortes raiſons jugées telles, ſera mis en arreſtation comme inſouciant pour la choſe publique.

10°. Les grains qui exiſtent dans les greniers communs des municipalités & des cantons, dans les lieux où il en a été établi par les Repréſentans du Peuple, ſeront compris dans les procès-verbaux de recenſement.

11°. Le Repréſentant du Peuple déclare que, voulant donner

aux Citoyens égarés par la malveillance ou l'égoïsme, les moyens de réparer une erreur funeste à la liberté, il ne sera fait aucune poursuite contre ceux qui, ayant fourni une fausse déclaration lors des recensemens précédens, déclareroient aujourd'hui la vérité. En conséquence les premières déclarations & recensemens sont déclarés comme non-avenus. Il est défendu à toute autorité constituée d'en faire suite pour inquiéter les Citoyens qui demeurent seulement responsables de la sincérité des déclarations qui vont être faites devant les commissaires.

12°. Les versemens dans les greniers communs, en exécution de l'arrêté de nos collègues Paganel & Chaudron-Rousseau, ainsi que les versemens dans les magasins militaires, d'après la réquisition de la commission des subsistances, seront exécutés promptement. Les agens nationaux sont tenus de surveiller ces versemens, & de nous dénoncer les autorités constituées négligeantes.

13°. Le présent arrêté sera soumis à l'approbation du Représentant du Peuple dans le département de Laude, s'il se trouve à Carcassonne. En cas d'absence de notre collègue, il sera exécuté sur-le-champ selon sa forme & teneur, imprimé à la suite de l'arrêté & de la lettre du comité de salut public, envoyé aux districts, aux communes & sociétés populaires.

FAIT à Toulouse le jour que dessus.

DARTIGOEYTE.

Par le Représentant du Peuple,

F. DUCOS, Secrétaire.

VU en directoire l'arrêté du comité de salut public, la lettre par lui écrite aux Représentans du Peuple dans les départemens de Laude & Haute-Garonne, l'arrêté pris à suite par le Représentant du Peuple Dartigoeyte ;

Considérant que les mesures proposées ont pour objet de montrer clairement au peuple ses ressources sur les subsistances, de dissiper les inquiétudes qu'il peut mal-à-propos avoir conçues sur une partie d'administration qui occupe constamment la Convention, le pouvoir exécutif, la commission des subsistances, les Représentans du Peuple envoyés dans les départemens, & les corps administratifs ;

Considérant qu'il est essentiel de déjouer sans retour les projets perfides de la malveillance, & de la mettre en évidence pour lui faire une guerre à mort ;

Considérant que le patriotisme éprouvé des Citoyens du département se prêtera à seconder l'exécution de cette mesure de salut public.

Les administrateurs du département de Haute-Garonne arrêtent, 1°. que le tout sera imprimé sur-le-champ ;

2°. Que la nomination des commissaires à nommer par canton est renvoyée aux districts, leur observant qu'ils doivent faire choix de Citoyens probes, éclairés & patriotes, & qu'ils répondent du choix sur leur tête ;

3°. Qu'il sera rédigé une instruction simple & précise pour faciliter aux commissaires l'exécution des susdits arrêtés.

4°. Le préſent ſera également imprimé pour être envoyé aux diſtricts, municipalités, ſociétés populaires, avec invitation d'éclairer le peuple ſur cette meſure de ſalut public.

SARTOR, Préſident.

BEGUILLET, Secrétaire-Général.

A TOULOUSE,

De l'Imprimerie de J.-A.-H.-M.-B. PIJON, 1793.

RÉPUBLIQUE FRANÇAISE, UNE ET INDIVISIBLE.

LIBERTÉ, ÉGALITÉ.

AU NOM DU PEUPLE FRANÇAIS.

Le 1er. jour du mois de Germinal, l'an 2e. de la République Françaiſe.

DARTIGOEYTE, REPRÉSENTANT DU PEUPLE dans les Départemens du Gers & Haute-Garonne.

CONSIDÉRANT qu'il eſt urgent d'achever avec célérité les opérations preſcrites par l'Arrêté du Comité de Salut public, du 13 Ventôſe, pour le nouveau recenſement des grains, & qu'un ſeul commiſſaire par canton apporteroit néceſſairement des lenteurs, d'autant plus préjudiciables, que le but qu'on ſe propoſe ſeroit manqué.

ARRÊTE, 1°. Les directoires des départemens de Haute-Garonne, Laude & le Gers, déſigneront ſur-le-champ un Citoyen, au moins, par chaque ſection de canton, & même un plus grand nombre ſi les localités l'exigent. Ces Citoyens procéderont en qualité de nos commiſſaires & agens, ainſi qu'il eſt preſcrit par l'Arrêté du Comité de Salut public, & de ceux que nous avons pris pour ſon exécution.

2°. Les directoires de département pourront charger les districts de la désignation desdits Citoyens, ainsi que de l'arrondissement dans lequel ils devront opérer. Les districts sont tenus de se conformer aux ordres qui leur seront donnés par le département, & ils répondront sur leur tête du choix des commissaires, & de l'activité des opérations.

3°. Les commissaires ne pourront être natifs, habitans ou bientenans de l'arrondissement qui leur sera assigné.

4°. Les dispositions de notre Arrêté du 26 Ventôse sont applicables au présent, & seront exécutées sous la responsabilité des autorités constituées, contre lesquelles il sera procédé révolutionnairement, en cas de négligence.

5°. Les directoires des trois départemens ci-dessus, nous enverront, tous les trois jours, copie collationnée des procès-verbaux des commissaires, de telle sorte cependant, que chaque collection contienne le recensement géneral d'une commune entière.

Si les commissaires négligent de transmettre au Directoire du département leurs procès-verbaux, le département devra nous en informer sur-le-champ.

FAIT à Toulouse le jour que dessus.

DARTIGOEYTE.

Par le Représentant du Peuple;

F. DUCOS, Sécrétaire.

Vu au département de la Haute-Garonne pour être imprimée sur-le-champ, envoyé aux districts, municipalités & Sociétés Populaires, pour y être lu, publié & affiché & exécuté en tout son contenu.

Fait à Toulouse, le premier Germinal de l'an second de la République Française.

SARTOR, *président.*

GUIRINGAUD, LAFONT, BLANC, SAMBAT, DELHERM, PICQUIÉ, BELLECOUR, *Administrateurs.*

BEGUILLET, *secrétaire-général.*

A TOULOUSE,
De l'Imprimerie de J.-A.-H.-M.-B. PIJON. 1794.

RÉPUBLIQUE FRANÇAISE,
UNE ET INDIVISIBLE.

AU NOM DU PEUPLE FRANÇAIS.

Le 7.ème jour du mois de Germinal, de l'an deuxieme de la République Française.

DARTIGOEYTE, Représentant du Peuple, dans les Départemens du Gers & Haute-Garonne.

VU le Procès-Verbal dressé par les Citoyens Guillaume Amouroux, & Jean-Pierre Baris, ainé, nos Agens Commissaires pour procéder dans le Canton de Saint-Sulpice ſur le recenſement des grains, en exécution de l'Arrêté du Comité de Salut Public, en date du 13 Ventôſe, & de nos Arrêtés des 27 Ventôſe & 1er. Germinal, duquel Verbal il réſulte que les Citoyens de la Commune de Saint-Sulpice-ſur-Leze, Chef-lieu de Canton & de la Commune de Montgazin, Diſtrict de Rieux, Département de Haute-Garonne, ſe ſont attroupés Contre-Révolutionnairement pour s'oppoſer aux opérations des Commiſſaires, qui ont même été atrocement inſultés, & en grand danger de perdre leur vie, malgré les efforts de la Municipalité.

Vu l'Arrêté du Conſeil Général du Diſtrict de Rieux, qui charge l'Agent National de ſe tranſporter ſur les lieux, & requiert pluſieurs Brigades de Gendarmerie Nationale.

Conſidérant que le Royaliſme a encore des partiſans; que les ramifications du complot affreux découvert par l'énergique ſurveillance du Comité de Salut Public, s'étendent dans pluſieurs parties de la République; & qu'un des grands moyens dont les Conſpirateurs ſavent faire uſage, eſt de donner des inquiétudes ſur les ſubſiſtances; de dénaturer les vues paternelles de la Convention Nationale, & de rendre illuſoires les meſures bienfaiſantes adoptées par le Comité de Salut Public, pour le bonheur du Peuple, & le triomphe de la Liberté.

Considérant que l'Attroupement qui vient de se former à Saint-Sulpice & à Montgazin est un acte d'extravagance, qu'il seroit impossible de concevoir, si on ne savoit que les Royalistes, les Fédéralistes, les Aristocrates sont capables de tous les forfaits & tellement frappés d'aveuglement par le Dieu de la Liberté, qu'ils viennent eux-même se présenter sous le glaive de la Guillotine.

Considérant que le Peuple de Saint-Sulpice & Montgazin reconnoîtra son erreur, indiquera lui-même les coupables, qui en l'égarant ont voulu le ramener à l'esclavage, & ont déshonoré aux yeux des Républicains le nom de ces deux Communes par la désobéissance aux Loix.

Considérant que plus est grave l'écart dans lequel sont tombés les Citoyens de Saint-Sulpice & de Montgazin, plus leur retour à la Liberté sera sincere, & marqué par des actions franches de Civisme & de repentir.

Que s'il en étoit autrement, si les Moteurs n'étoient pas indiqués sur le champ, on déployeroit alors la sévérité Nationale contre les deux Communes en général, parce que les Représentans du Peuple ne permettront jamais qu'on ſe tienne en état de révolte, qu'on veuille ſe Fédéraliſer par l'iſolement des Subſiſtances :

ARRÊTE,

1°. Si trois heures après la réception & publication du préſent dans les Communes de Saint-Sulpice & Montgazin, les Citoyens ne ſe préſentent pas à la Municipalité pour y abjurer leurs erreurs, ſignaler les Moteurs, & demander l'exécution de l'Arrêté du Comité de Salut Public du 13 Ventôſe, leſdites Communes de Saint-Sulpice & Montgazin ſont déclarées en état de révolte, le Repréſentant du Peuple s'y transportera avec la force armée & le Tribunal Révolutionnaire. Leſdites Communes de Saint-Sulpice & Montgazin ſeront alors traitées comme Lyon, Toulon & autres Communes rebelles.

2°. L'Agent National près le Diſtrict aſſiſtera à la publication qui ſera faite par le Corps Municipal revêtu de l'Écharpe.

3°. L'Agent National requera tel nombre de Gardes Nationales qui ſera jugé convenable. Il eſt autoriſé à demander au Général Sol, dans le Diſtrict de Mont-Unité, des forces capables d'en impoſer aux Contre-Révolutionnaires.

4°. Les noms de Saint-Sulpice & Montgazin ayant

été déshonorés par la désobéissance des Habitans, seront changés après que lesdites Communes auront été régénérées.

5°. L'Agent National près le District de Rieux fera informer par le Juge de Paix du Canton de Saint-Sulpice, ou tout autre Officier de Police, sur les Auteurs, Moteurs & Complices de la résistance opposée à l'exécution de l'Arrêté du Comité de Salut Public. Les Prévenus & les Informations seront adressées très-incessamment à l'Accusateur Public près le Tribunal Révolutionnaire séant à Toulouse, lequel est chargé de la poursuite de cette affaire.

6°. Les Maire, Officiers Municipaux & Agens Nationaux près les Communes de St.-Sulpice & Montgazin, devant connoître les Individus, seront tenus de faire chacun une déclaration particuliere pour indiquer les Personnes qu'ils ont remarqué dans l'Attroupement; & en cas de refus ils sont déclarés suspects, complices eux-mêmes de la révolte & soumis aux poursuites devant le Tribunal Révolutionnaire.

7°. L'Agent National fera conduire devant Nous, à Toulouse, les Curés de Saint-Sulpice & Montgazin, ainsi que tous autres Prêtres, ou ci-devant Nobles, ou Privilégiés, ou ci-devant Seigneurs qui peuvent exister dans lesdites Communes de St.-Sulpice

& Montgazin, pour, après les avoir entendus, être ſtatué ce qu'il appartiendra.

8°. Le préſent Arrêté ſera imprimé à la diligence des Directoires du Département du Gers & Haute-Garonne, envoyé aux Diſtricts, Municipalités & Sociétés Populaires de leur Reſſort par des Extraordinaires. Et au ſurplus, comme l'opération du recenſement eſt commune au Département de l'Aude, le Directoire du Département de Haute-Garonne adreſſera un extrait du préſent au Directoire de celui de l'Aude, avec invitation de le faire imprimer.

FAIT à Toulouſe le jour que deſſus.

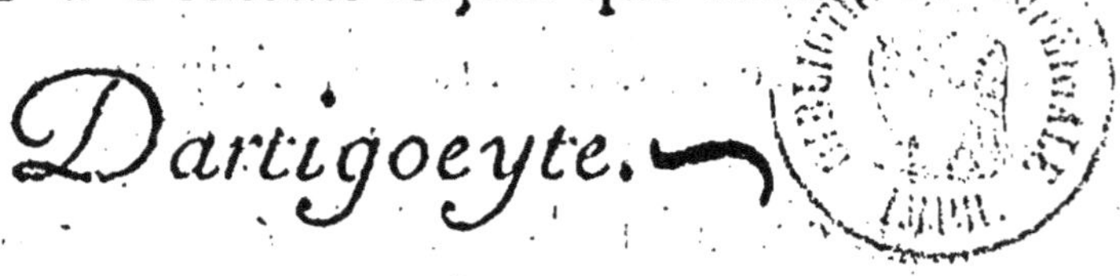

Par le Repréſentant du Peuple,
DUCOS, Secretaire.

Vu pour être imprimé & envoyé aux Diſtricts, Municipalités, Sociétés Populaires & au Directoire du Département de l'Aude.

A Toulouſe, le 8 Germinal, l'an ſecond de la République.

BELLECOURT, Préſident.

BEGUILLET, Secretaire Général.

RÉPUBLIQUE FRANÇAISE, UNE ET INDIVISIBLE.

LIBERTÉ, ÉGALITÉ.

AU NOM DU PEUPLE FRANÇAIS.

Du 8e. jour du mois de Germinal de l'an deuxième de la République Françaiſe.

DARTIGOEYTE, REPRÉSENTANT DU PEUPLE dans les départemens du Gers & Haute-Garonne ;

VU le procès-verbal d'arreſtation du nommé Gros, prêtre, ci-devant prieur des bénédictins, & ci-devant curé de la commune de Saint-Sever, chef-lieu de diſtrict, département des Landes ; ladite arreſtation ordonnée par le comité de ſurveillance ſéant à Toulouſe, enſemble les papiers ſaiſis chez lui comme ſuſpect ;

Conſidérant que parmi les papiers trouvés chez le prêtre Gros, il en eſt de bien atroces, qui font connoître avec quel acharnement cet homme ſuivoit un ſyſtême de contre-révolution ;

Qu'il eſt difficile, après avoir lu les infames productions

du prêtre Gros, toutes écrites de sa main; de concevoir un tel degré de scélératesse;

Considérant que ce prêtre, étant encore curé, composa d'abord une lettre virulente, adressée aux citoyens de St.-Sever qu'il appelle son troupeau, dans laquelle lettre il déclame contre les principes de l'éducation républicaine; mais que, n'ayant point osé la publier dans le temps, il y a depuis ajouté une protestation contre le vœu des habitans qui le chassèrent de sa cure, & une exhortation à tous les curés de se réunir pour s'opposer aux progrès de la raison;

Considérant que ce premier écrit a été suivi d'un second, intitulé *Réflexions sur le calendrier Républicain, sur l'éducation, & sur la dîme ecclésiastique*; diatribe forcenée & indécente, où, après avoir attaqué les lois relatives au calendrier & à l'éducation, il demande la restitution de la dîme en faveur des prêtres;

Considérant que ce qui achève de caractériser le prêtre Gros, c'est la démarche par lui faite auprès des prêtres réfractaires, en leur écrivant de se réunir aux prêtres constitutionnels, de mettre à profit la confiance qu'ils avoient inspirée, seul moyen de se procurer la liberté; parce qu'alors, dit-il, les chrétiens seront assez nombreux pour qu'on les entende;

Considérant que ces forfaits paroissent médités & combinés de longue main, puisque le prêtre Gros s'est permis de violer les lois prohibitives du costume; qu'il eut même l'audace de se présenter à Saint-Sever, au mois d'octobre dernier (vieux ſtyle), affublé d'une partie de ce coſtume, devant notre collégue Moneſtier (du Puy-de-Dôme), qui lui fit une rude réprimande, & que poſtérieurement il fut dénoncé par la ſociété populaire de Saint-Sever, pour avoir prêché contre la loi du divorce;

Conſidérant que la conduite du prêtre Gros tient au ſyſtême de conſpiration qui vient d'être découvert, & dont les ramifications s'étendent dans pluſieurs parties de la république;

Qu'ainſi, ce ne ſeroit pas aſſez de provoquer ſur la tête de ce contre-révolutionnaire démaſqué, la vengeance nationale, ſi en même-temps on ne prenoit des meſures capables de ſauver le peuple des intrigues dont l'étranger fait uſage pour le rétabliſſement de la royauté, avec le ſecours des prêtres qui regrettent leurs dîmes; des nobles qui regrettent leurs titres, leurs corvées; des ariſtocrates de toutes les couleurs qui regrettent les abus de l'ancien régime;

ARRÊTE:

1°. Le prêtre Gros eſt renvoyé devant le tribunal révolutionnaire, ſéant à Toulouſe; en conſéquence toutes les pièces ſeront inceſſamment adreſſées à l'accuſateur public près ce tribunal.

2°. Tous les prêtres qui ſe trouvent aujourd'hui ſans fonctions, parce que les égliſes ont été abandonnées ou fermées d'après le vœu du peuple, ſeront tenus de ſe rendre au chef-lieu du diſtrict reſpectif, & ce quand bien même ils ſe ſeroient déprêtrisés, postérieurement à l'abandon ou fermeture des églises.

3°. Il en sera de même pour tous les prêtres qui ont repris leurs fonctions, précédemment abdiquées.

4°. L'administration du district donnera des ordres précis pour la prompte exécution des articles 2 & 3. Si les municipalités négligent l'exécution de ces ordres, & n'amènent pas au chef-lieu de district les prêtres ci-dessus désignés, elles sont déclarées suspectes, & par suite mises en reclusion. Les citoyens qui recéleroient lesdits prêtres, seront poursuivis devant le tribunal révolutionnaire, comme complices de la conspiration.

5°. L'administration du district est tenue de prendre toutes les mesures de police & de sûreté générale, concernant les prêtres qui lui seront amenés;

6°. S'il y a eu des troubles dans les communes où les prêtres ont repris leurs fonctions après l'abdication, lesdits prêtres seront traduits, pour raison de ce, devant le tribunal révolutionnaire;

7°. En cas de trouble, de résistance aux lois, ou aux arrêtés des corps administratifs dans les communes dans lesquelles les prêtres exercent encore leur culte, ils en sont déclarés auteurs, & comme tels, on les traduira au tribunal révolutionnaire.

En conséquence, les districts formeront un état contenant, 1°. le nom des communes qui ont renoncé aux ministres du culte; 2°. le nom des communes dont les curés ou vicaires ont abdiqué leurs fonctions ; 3°. enfin le nom des communes qui ont encore des prêtres. Cet état sera imprimé, envoyé à toutes les sociétés populaires & à l'accusateur public.

8°. Les districts & les comités de surveillance nous rendront compte dans la prochaine décade, de l'entière exécution de l'arrêté du 2 nivôse, portant reclusion des ci-devant nobles : faute par les districts & comités de faire exécuter le susdit arrêté, il sera adopté contre eux des mesures révolutionnaires.

9°. La municipalité de Toulouse fera sur le champ des recherches & visites domiciliaires pour connoître & faire arrêter tous les prêtres cachés dans cette commune, ainsi que les citoyens non domiciliés, qui ne pourroient représenter leurs passe-ports, & justifier de leur civisme.

Il en sera usé de même dans les autres communes, immédiatement après la réception du présent arrêté.

Tous les citoyens qui garderoient chez eux, soit des prêtres cachés, soit des individus non domiciliés, sans les avoir déclarés au corps municipal, seront mis en état d'arrestation lors des visites domiciliaires, & poursuivis en conformité de l'article 4.

10°. Les corps administratifs veilleront rigoureusement à ce que les détenus, dans quelque maison de reclusion que ce puisse être, ne correspondent avec personne, ni verbalement, ni par écrit.

Le présent sera imprimé à la diligence des directoires des

départemens du Gers & Haute-Garonne, envoyé aux districts, communes & sociétés populaires du ressort, lu, publié & affiché.

Fait à Toulouse, le jour que dessus.

DARTIGOEYTE.

Par le représentant du peuple;

F. DUCOS, *Secrétaire*.

Vu au Département de la Haute-Garonne, pour être imprimé sur le champ, & envoyé aux Districts, municipalités & sociétés populaires, pour y être lu, publié & affiché, & exécuté en tout son contenu.

A Toulouse, le 9 Germinal de l'an second de la République Française, une & indivisible.

BELLECOUR, président; *GUIRINGAUD*, *SARTOR*, *LAFONT*, *BLANC*, *DELHERM*, *PICQUIÉ*, *SAMBAT*, administrateurs.

BEGUILLET, *secrétaire-général*.

A TOULOUSE,
De l'Imprimerie de la Veuve DOULADOURE, rue St.-Rome.

RÉPUBLIQUE FRANÇAISE, UNE ET INDIVISIBLE.

LIBERTÉ, ÉGALITÉ.

AU NOM DU PEUPLE FRANÇAIS.

Du quatorzième jour de Germinal, l'an deuxième de la République française, une & indivisible.

DARTIGOEYTE, REPRÉSENTANT DU PEUPLE dans les départemens du Gers & Haute-Garonne :

Réfléchissant sur les moyens de déjouer entièrement les complots & les machinations du royalisme :

Considérant que les malveillans suivent un plan de conspiration avec la plus scélérate activité ;

Qu'atterrés d'abord par l'énergie de la Convention nationale, secondée de celle du peuple, qui veut fortement la liberté, on a vu les ci-devant nobles, les aristocrates s'affubler du bonnet rouge, s'introduire dans les sociétés populaires, afficher le plus pur civisme ;

Qu'au moyen de cette manœuvre, ces hommes pervers sont parvenus à tromper les bons cultivateurs des campagnes, à leur surprendre des attestations, & à échapper ainsi aux comités de surveillance, malgré que notre arrêté du 2 nivôse, & plusieurs lettres écrites à suite, leur eussent prescrit une austérité commandée par les circonstances ;

Que même certains comités (tel que celui de Mirande, qui a été suspendu & renouvelé) ont, sous divers prétextes, ordonné la mise en liberté de plusieurs ci-devant nobles, & voulu ensuite en faire élargir beaucoup d'autres, en trompant, par des avis favorables, le Représentant du Peuple :

Considérant que, d'après les découvertes faites par nos collégues Pinet & Cavaignac, dans le district de St.-Sever, département des Landes, il ne peut rester aucun doute sur les intentions criminelles des ci-devant nobles ; qu'au contraire, il demeure constaté qu'il existe un plan de contre-révolution, combiné sur la prétendue disette des subsistances, sur l'embauchement des recrues & la coalition des nobles, afin de seconder les troupes Espagnoles, égorger ensuite les patriotes, accabler le peuple sous les chaînes du despotisme :

Considérant que les reclus correspondent avec les conspirateurs, combinent ensemble les moyens de réaliser leurs infernales trames, puisque déjà ils font vendre leurs meubles pour se procurer des sommes considérables ;

ARRÊTE :

1°. Tous les certificats de civisme accordés aux ci-devant nobles sont déclarés comme non avenus.

2°. Les comités de surveillance feront reclure tous les ci-devant nobles, tant ceux qui auroient précédemment obtenu leur mise en liberté, que ceux qui n'auroient pas encore été reclus.

Ils prendront à l'égard des vieillards & infirmes des meſures particulières, ſoit en les réuniſſant ſéparément des des autres reclus, ſoit en les conſignant dans leurs maiſons.

La vieilleſſe ou les infirmités devront être conſtatées d'une manière légale & authentique; mais, dans tous les cas, le vieillards ou infirmes ſeront portés ſur les tableaux des reclus, pour l'application des lois relatives aux biens des ennemis de la révolution.

3°. Sont exceptés des articles ci-deſſus, les ci-devant nobles qui depuis 1789 ont conſtamment développé un patriotiſme énergique; à cet effet, ils devront (s'il en exiſte quelqu'un) préſenter au conſeil-général de leur commune le tableau de leur vie politique, appuyé de faits; lequel tableau devra être approuvé & atteſté par le conſeil-général, préſenté enſuite à la ſociété populaire du chef-lieu de diſtrict, atteſté par elle, ainſi que par le conſeil-général du diſtrict & le comité de ſurveillance: faute de ces quatre atteſtations réunies, ils ſubiront la reclusion.

4°. Le comité de ſurveillance aura ſoin de tranſmettre au Repréſentant du Peuple une copie du tableau & des quatre atteſtations.

5°. Les municipalités veilleront à ce que les meubles des reclus ne ſoient ni déplacés ni vendus. Tout citoyen qui aideroit au déplacement, ou les recèleroit, ou les achèteroit, ſera mis en arreſtation, & pourſuivi devant les tribunaux comme complice de la conſpiration.

6°. L'article précédent ſera rigoureuſement appliqué à tous ceux qui donneroient retraite à nos déſerteurs; & en outre, les municipalités ſont tenues de rechercher & faire arrêter les déſerteurs, à peine d'être pourſuivies extraordinairement.

7°. Les lois & les arrêtés qui prohibent aux détenus de

correſpondre verbalement ou par écrit ; ſeront exécutées avec la plus ſévère ſurveillance.

8°. Les autorités conſtituées & les comités prendront tous les renſeignemens poſſibles pour découvrir les traces du complot, les correſpondances ſuſpectes, les ramas d'armes ou de poudre, étant tenus de faire en conſéquence des viſites domiciliaires, entendre des témoins, & de renvoyer le tout aux accuſateurs publics.

9°. Les agens nationaux près les diſtricts, veilleront à la prompte exécution, & nous en rendront compte, ſous peine de reſponſabilité.

Le préſent arrêté ſera imprimé avec la lettre interceptée, par les ſoins de nos collégues Pinet & Cavaignac, à la diligence des directoires des départemens du Gers & Haute-Garonne, envoyé aux communes pour être publié & affiché, envoyé aux comités de ſurveillance, aux tribunaux criminels & aux ſociétés populaires.

Fait à Auch, le jour que deſſus.

DARTIGOEYTE.

Par le repréſentant du peuple,

F. DUCOS, *Secrétaire.*

Suit la teneur de ladite Lettre.

SAMADET, le premier Mars 1794.

PERSÉVÉREZ, MONSIEUR, *toujours dans le projet d'entrer ; voici le moment favorable. Nous ſommes tous à la famine ; les déſerteurs ſont en ſi grand nombre dans ce pays, que l'éclat n'est pas loin ; & si l'Espagnol veut, vous ferez à votre aise.* M. d'Urgons & M. Sorbus *travaillent de tous leurs moyens ; le premier en abouchant les déserteurs en secret ; & l'autre, en mettant plus de régularité qu'il ne faut dans ces commissions, & tous les deux s'entendent, & ce sont eux qui doivent commander sitôt que le premier mécontentement se montrera : il y a plusieurs de mes amis qui se prêteront & qui se prêtent.* Costadonat *est terrible ; je n'ai pas osé le mettre dans le secret. J'ai essayé de le corrompre, mais il m'a été impossible ; il tient toujours le parti des chevaliers de Donquichotte de l'ordre de* çà ira *; mais nous lui ferons bientôt son compte ; il le mérite, car il est tout sanculotte : l'avocat* Darbin *nous sert aussi ; car les déserteurs passent souvent chez lui, à Serres, où il s'est retiré, & il est bien de notre parti. Dites & assurez à l'Espagnol que tous les nobles & seigneurs de ce pays sont à leurs secours, & que s'ils peuvent approcher Bayonne, ils sont maîtres ; je connois l'endroit, & je suis sûr du coup ; & j'espère que les Carmagnols danseront mal à leur aise. Ce sera pour le premier juin qu'il convient de choisir ce coup d'essai ; parce que la famine y fera plus que toute l'armée : j'attends cette époque avec le désir de vous embrasser, pour vous témoigner que je suis, avec un très-profond respect, Monsieur, votre très-humble serviteur.* Signé *DUMARTIN.* Et au dos est écrit : *à Monsieur, Monsieur l'Abbé* JUNCAROT, *au camp des émigrés, sur la Montagne de la Rune, en Espagne.*

Pour copie conforme,

DARIBAUDE, *secrétaire général du département des Landes.*

OBSERVATIONS aux Comités de Surveillance.

Le Représentant du peuple observe que beaucoup de gens veulent échapper aux mesures révolutionnaires, en prétendant qu'ils ne sont point nobles ; mais les Comités ne doivent avoir aucun égard à ce déni, s'il n'est justifié par l'extrait de naissance du pétitionnaire, & par son contrat de mariage, ou bien s'il n'est point marié, par le testament & contrat de mariage de son père.

DARTIGOEYTE, *signé.*

Vu au Département de la Haute-Garonne, pour être imprimé sur le champ, & envoyé aux Districts, Municipalités, Comités de surveillance, Tribunaux criminels & Sociétés populaires, pour y être lu, publié & affiché, & exécuté en tout son contenu.

A Toulouse, le dix-septième Germinal, an second de la République Française, une & indivisible.

BELLECOUR, président; SARTOR, SAMBAT, GUIRINGAUD, LAFONT, DELHERM, PICQUIÉ, BLANC, Administrateurs.

BÉGUILLET, *secrétaire-général.*

A TOULOUSE,

De l'Imprimerie de la Veuve DOULADOURE, rue Saint-Rome.

RÉPUBLIQUE FRANÇAISE,
UNE ET INDIVISIBLE.

AU NOM DU PEUPLE FRANÇAIS.

Le 15.me jour du mois de Germinal, de l'an second de la République Française.

DARTIGOEYTE, Représentant du Peuple, dans les Départemens du Gers & Haute-Garonne.

INSTRUIT que la malveillance qui forme toujours de nouveaux complots, veut détruire aujourd'hui les ressources de la République pour la Cavalerie, en diminuant l'espece des beaux Chevaux.

Considérant qu'on égare les Citoyens en leur persuadant qu'ils trouveront un plus fort bénéfice si les Juments sont données au Baudet ; moyen Contre-Révolutionnaire dont le but est aisément apperçu.

Considérant que le Commerce des Mulets ne devenoit lucratif que par l'exportation en Espagne ; que d'ailleurs l'intérêt de la Liberté commande de pourvoir par des mesures promptes à ce que l'espece des beaux Chevaux, bien loin d'être détruite, soit au contraire augmentée.

Assûré que les Sociétés Populaires réuniront leur surveillance à la sollicitude des Représentans du Peuple pour déjouer les infernales machinations du Royalisme :

ARRÊTE ;

1°. Il est défendu de donner au Baudet les Juments Poulinières qui sont au dessus de quatre pouces.

2°. En cas de contravention, le Garde-Étalon & le Propriétaire de la Jument seront punis chacun d'une Amende de cinq cens livres prononcée en Police Municipale, dont la moitié appartiendra au Dénonciateur, & en outre le Garde-Étalon & Propriétaire seront reclus comme suspects.

3°. L'Article 2 sera rigoureusement appliqué aux Propriétaires des Juments Poulinières qui refuseroient de les donner à l'Étalon.

4°. Les Corps Administratifs sont chargés de surveiller l'exécution. Ils devront décider les cas particuliers d'exception, à la charge d'en rendre compte aux Représentans du Peuple.

Le présent Arrêté sera sur le champ imprimé à la diligence des Directoires des Départemens du Gers & Haute-Garonne, envoyé aux Communes, Sociétés Populaires & Comités de Surveillance des deux Départemens respectifs, publié & lu dans le Temple de la Raison.

Fait à Auch le jour que dessus.

DARTIGOEYTE.

Par le Représentant du Peuple,
F. DUCOS, Secretaire.

Vu pour être imprimé & envoyé aux Districts, Municipalités, Sociétés Populaires & Comités de Surveillance du Département, publié & lu dans le Temple de la Raison.

A Toulouse, le 17 Germinal, l'an deuxieme de la République Française.

BELLECOUR, Président.

BEGUILLET, Secrétaire-Général.

A TOULOUSE, de l'Imprimerie de JOSEPH DALLES, premiere Sect., N°. 110.

RÉPUBLIQUE FRANÇAISE, UNE ET INDIVISIBLE.

LIBERTÉ, EGALITÉ.

AU NOM DU PEUPLE FRANÇAIS.

Le 23.e jour du mois de Germinal de l'an deuxième de la République Françaiſe.

DARTIGOEYTE, repréſentant du peuple dans les départemens du Gers & Haute-Garonne :

Conſidérant qu'il ne ſuffit pas d'avoir aſſuré la nourriture actuelle des citoyens par des meſures ſages, fruit de la plus active ſollicitude, & qui ont déjoué les machinations du royaliſme,

Qu'il importe encore de ſurveiller pour l'avenir la partie des ſubſiſtances, en ménageant les reſſources que la récolte prochaine va nous préſenter :

Inſtruit que beaucoup de citoyens égarés, ou par la malveillance, ou par un égoïſme criminel, coupent l'orge & le ſeigle pour le donner aux beſtiaux, & cela ſans aucune néceſſité, uniquement dans l'eſpoir de retirer quelques aſſignats de plus à raiſon d'un embonpoint factice :

Conſidérant que l'orge & le ſeigle étant la récolte la plus précoce, tout bon citoyen a un grand intérêt à leur conſervation :

Aſſuré que les ſociétés populaires ſe montreront dans cette circonſtance eſſentielle dignes du beau nom de *Montagnardes* par leur ſurveillance ſévère,

ARRETE :

1.° Il eſt défendu à tout citoyen de couper de l'orge, du ſeigle, ou de tout autre grain & légume, avant ſon entière maturité, ſoit pour le donner aux beſtiaux, ſoit pour tout autre uſage, à peine de trois mille livres d'amende, qui ſera prononcée en police municipale, dont les deux tiers appartiendront au dénonciateur, & à peine d'arreſtation comme complice de la conſpiration contre l'unité & l'indiviſibilité de la République.

2.° Si l'orge, le ſeigle, ou tout autre grain avoit beſoin d'être élagué, ou qu'on eût enſemencé une partie de terrain pour la nourriture des beſtiaux, de telle ſorte que l'orge, le ſeigle, ou tout autre grain ne pût point parvenir à ſa parfaite maturité, les citoyens devront alors s'adreſſer aux municipalités, qui ſont tenues de ſe tranſporter ſur le local en présence de cinq membres de la société populaire, s'il en existe, pour constater les faits, & permettre, s'il y a lieu, soit de couper, soit d'élaguer.

Le procès verbal devra déterminer la manière d'opérer.

3.° Les citoyens qui s'écarteroient du mode indiqué dans le procès verbal, sont soumis aux dispositions de l'article V.

4.° Les municipalités enverront sur le champ aux administrateurs de district une copie du verbal de transport sur les lieux : lesdites municipalités répondront sur leur tête de la nécessité des permissions accordées.

5.° Les districts prononceront sur tous les cas résultans du présent arrêté, & appliqueront les mesures révolutionnaires aux municipalités négligentes, à la charge de nous en rendre compte.

6.° Sera le présent imprimé à la diligence des directoires des départemens du Gers & Haute-Garonne, publié & affiché, envoyé aux communes, aux sociétés populaires, aux comités de surveillance, & lû, par les agens nationaux près les communes, dans le Temple de la Raison, aux deux prochaines décades. Au surplus le directoire du département de Haute-Garonne en adressera des exemplaires aux représentans du peuple près les armées orientales, & celui du Gers aux représentans du peuple près les armées occidentales.

Fait à Auch le jour que dessus.

DARTIGOEYTE.

Par le représentant du peuple,

F. Ducos, *secrétaire.*

Vu l'arrêté ci-dessus,

L'administration du département de Haute-Garonne arrête qu'il sera imprimé sur le champ, envoyé aux districts, municipalités, sociétés populaires, comités de surveillance, pour être exécuté en tout son contenu.

Délibéré à Toulouse, le 25 germinal, l'an deux de la République Française.

BELLECOUR, président; GUIRINGAUD, SARTOR, PICQUIÉ, LAFONT, BLANC, DELHERM, SAMBAT, administrateurs.

BEGUILLET, secrétaire général.

A TOULOUSE,

Chez le Montagnard VIALLANES, Imprimeur, rue Basse Poterie.

RÉPUBLIQUE FRANÇAISE, UNE ET INDIVISIBLE.

LIBERTÉ, ÉGALITÉ.

AU NOM DU PEUPLE FRANÇAIS.

Du vingt-cinquième jour de Germinal, l'an deuxième de la République française.

DARTIGOEYTE, REPRÉSENTANT DU PEUPLE dans les départemens du Gers & Haute-Garonne :

Vu le travail de nos commissaires dans le district de Muret, département de Haute-Garonne, sur l'épuration des autorités constituées du district :

Vu les différentes dénonciations contre certains individus de ce district, vérifiées par nosdits commissaires,

Et après avoir conféré avec eux,

Considérant qu'il résulte des pièces, que le fédéralisme a été pendant long-temps à l'ordre du jour dans le district de Muret, & notamment à l'époque du 31 mai :

Considérant que l'administration du district en général se trouve coupable, par l'adhésion aux actes liberticides du département, & par l'envoi aux communes de l'arrêté pour la convocation des assemblées primaires, ainsi que par plusieurs écrits infames, tels que le rapport de Barras, le discours du traître Lanjuinais, l'adresse de Bordeaux, &c., &c. ;

Qu'il importe de frapper les intrigans qui ont amené, entretenu & alimenté l'égarement des ſans-culottes du diſtrict de Muret :

Conſidérant qu'Abadie, juge de paix de Cintegabelle, étoit un des adminiſtrateurs du département de Haute-Garonne qui émit des opinions fédéraliſtes à l'époque ſuſdite, & ſigna l'arrêté liberticide qui ordonnoit la convocation des aſſemblées primaires ;

Qu'à l'époque du 16 juin, il ſe rendit à la ſociété populaire de Miramont, où il oſa propoſer les queſtions ſuivantes :

» La République eſt-elle une lorſque les repréſentans ſe » diviſent dans les départemens ?

» La Convention peut-elle donner des pouvoirs illimités » à ſes commiſſaires ?

» L'inviolabilité des repréſentans eſt-elle utile ?

Conſidérant que le nommé Laffue, prêtre, ci-devant curé de Berat, ci-devant noble & ci-devant ſeigneur, doit être compté parmi les hommes indignes de la liberté, puiſqu'il a mis une reſtriction au ſerment qu'exigoit de lui la loi ; qu'il eſt même accuſé de l'avoir retracté, puiſqu'enfin il s'eſt oppoſé au brûlement des titres féodaux de ſon ami le ci-devant ſeigneur de Berat, émigré, & que ſa conduite lui a valu un mandat d'arrêt ;

Que Corbières, maire de la commune de Berat, étoit de connivence avec Laffue, pour faire réuſſir leur ſyſtême contre-révolutionnaire :

Conſidérant que Caſtex, notaire ; Monſinat, ex-conſtituant ; Gabriel Latour dit Betou, Izidore Latour & Staniſlas Dureigne, habitans de Noé, ont cherché par leurs propos à avilir la Repréſentation nationale, à imprimer de la défiance ſur les progrès de la révolution & ſur les bienfaits de la loi ;

Que Monſinat, ex-conſtituant, a cherché à appitoyer les habitans de Noé ſur le ſort du tyran, & à donner de la défaveur au papier national :

Conſidérant que Cathala, prêtre, curé de Gibel, n'a rien négligé, ſoit par ſes propos, ſoit par ſes écrits, pour empêcher les progrès de la raiſon chez les habitans de la commune ; qu'au contraire, il a contribué à les aſſervir plus long-temps ſous le joug de la ſuperſtition :

Conſidérant qu'il eſt urgent d'enlever à la ſociété ces hommes ennemis néceſſaires de la liberté, pour la débarraſſer des atteintes que lui portent leurs criminelles manœuvres :

Conſidérant qu'il ne doit plus y avoir dans les autorités conſtituées, que des hommes d'une vertu auſtère & d'un patriotiſme éprouvé :

Conſidérant enfin, qu'il eſt du devoir des repréſentans du peuple, de rendre une juſtice éclatante aux fonctionnaires publics fauſſement inculpés, & que Lacroix aîné eſt de ce nombre, puiſque tous les réſultats s'accordent à déclarer qu'il fut preſque le ſeul qui combattit les meſures fédéraliſtes dans l'aſſemblée primaire de Muret ;

ARRÊTE :

1°. Abadie, juge de paix du canton de Cintegabelle & Corbières, maire de la commune de Berat, ſont deſtitués de leurs fonctions ; les mandats d'arrêt décernés contr'eux ſont approuvés ; ils ſont en outre renvoyés devant le tribunal révolutionnaire de Toulouſe, ainſi que le prêtre Laſtue, ci-devant noble, pour y être jugés.

2°. Caſtex, notaire ; Monſinat, ex-conſtituant ; Gabriel Latour dit Betou, Izidore Latour & Staniſlas Dureigne, habitans de Noé, seront mis sur le champ en état d'arrestation, si fait n'a été, & traduits devant le tribunal révolutionnaire de Toulouse, pour être également jugés.

A cet effet, extrait du présent arrêté, avec le pièces dénonciatives, sera adressé à l'accusateur public près ledit tribunal.

3°. Toutes les autres pièces à nous remises par nos commissaires dans le district de Muret, seront incessamment adressées au district de Muret, qui demeure autorisé à juger du poids des dénonciations, & à faire prononcer la reclusion, s'il y a lieu, contre les dénoncés.

4°. L'administration du district de Muret sera composée comme suit :

Voudin, *président.*

Directoire.

Bonnemaison.
Frustié.
Lacroix aîné.
Merle, habitant de Fontenille.

Conseil.

Bernadon.
Gleizes, habitant de Miramont.
Fontenelle, habitant de Froupés.
Bonas, habitant de Cappens.
Dardié.
Autichan.
Jouvé, habitant de Venerque.
Terrencq, agent national.

5°. Le tribunal judiciaire sera composé comme suit :

Laviguerie, *président.*

Juges.

Rupé.
Delpech.
Lacroix plus jeune.
Dupuy.

L'un des juges susnommés remplira les fonctions de commissaire national jusqu'au remplacement de Cappé, destitué pour cause de fédéralisme.

Gast, *secrétaire-greffier.*

Il n'y aura pas de suppléans.

6°. Le bureau de conciliation sera formé des citoyens,

Raymond Lacroix.
Duclos.
Sicard Judien.
Lacoste.
Nicolas Bayonne.
Fraise.

7°. Adel est nommé juge de paix pour la commune de Muret.

Les assesseurs seront,

Sevenes aîné.
Guillaume Lacroix.
Douarre.
Becane.
Fitte père.
Bouffix.

Lacroix, *secrétaire-Greffier.*

8°. Blaise est nommé juge de paix du canton. Le greffier & les assesseurs sont maintenus dans leurs fonctions.

9°. La municipalité & conseil général de la commune seront composés ainsi qu'il suit :

Peyssies, *maire.*

Officiers municipaux.

Sicard.
Lacoste jeune.
Detail.
Sircis.
Salles.
Marsoulan.
Baillard.
Robert Bayard.

L'agent national, par nous précédemment nommé, continuera ses fonctions.

Notables.

Jean Adré.
François Lacroix.
Desclaux.
Ader.
Raymond Lacroix.
Arbi Feuille.
Cyprien.
Gairaud.
Burges.
Douarre.
Duan.
Sabattier.
Bernard Bayonne.
Boufil.
Lacoste.
Becane.
Baylat.
Alexis Toulouse.

Bonnet, *secrétaire-greffier.*

10°. Le comité de surveillance de la commune & canton de Muret sera composé comme suit :

Glayron, Bayard, Lacroix jeune, de Muret.
Jean Laporte, habitant de Saint-Amans.
Jean Saphore dit Saphoret, habitant de Roques.
Jean Dufour aîné, habitant de Vilatte.
Pierre Beyssières, habitant de Roquette.
Jean Cabaillié, habitant de Labarthe.
Jean Seveilhac, habitant de Pins.
Jean Granier, habitant de Pinsaguel.
Pierre Marsol, habitant d'Annes.
Geraud Lavergne, habitant de Saubens.

11°. L'agent national près le district, demeure chargé de l'installation des susnommés dans leurs nouvelles fonctions.

12°. Les épurations faites par nos commissaires pour la formation des autorités constituées du district, sont approuvées; en conséquence il sera formé, à la diligence de l'agent national & des administrateurs, un tableau des citoyens désignés pour former lesdites autorités constituées, lequel sera imprimé & envoyé aux communes & sociétés populaires du ressort.

13°. L'agent national près le district, demeure encore chargé de l'installation desdits citoyens dans leurs fonctions, & de nous rendre compte de l'exécution du présent.

14°. Charge le directoire du département de Haute-Garonne de faire imprimer en format & en placard le présent arrêté, & de l'envoyer aux districts, communes & sociétés populaires du ressort.

FAIT à Auch, le jour que dessus.

DARTIGOEYTE.

Par le Représentant du peuple ;

F. DUCOS, *Secrétaire.*

Vu au département de la Haute-Garonne, pour être imprimé sur le champ, & envoyé aux districts, municipalités, comités de surveillance, tribunal révolutionnaire & sociétés populaires du département, pour y être lu, publié & affiché, & exécuté en tout son contenu.

FAIT à Toulouse, le vingt-huitième Germinal, an second de la République Française, une & indivisible.

BELLECOUR, président; SARTOR, SAMBAT, GUIRINGAUD, LAFONT, DELHERM, PICQUIÉ, BLANC, Administrateurs.

BÉGUILLET, secrétaire-général.

A TOULOUSE,
De l'Imprimerie de la Veuve DOULADOURE, rue Saint-Rome.

RÉPUBLIQUE FRANÇAISE, UNE ET INDIVISIBLE.

LIBERTÉ, ÉGALITÉ.

AU NOM DU PEUPLE FRANÇAIS.

Le vingt-unième jour de Floréal, l'an deuxième de la République française.

DARTIGOEYTE, REPRÉSENTANT DU PEUPLE dans les départemens du Gers & Haute-Garonne :

Attendu les différentes réclamations d'un grand nombre de sociétés populaires, corps administratifs & municipaux, sur les nouvelles intrigues des malveillans, qui persuadent aux ouvriers de quitter leurs ateliers & boutiques les jours ci-devant dimanches & fêtes, aux cultivateurs d'abandonner leurs charrues, &c.

Ayant constaté par nous-même, que les blés sont très-négligés, & qu'ils sont étouffés par une énorme quantité de mauvaises herbes ;

Instruit que pour amener l'insouciance des cultivateurs, on se sert, d'un côté, des moyens du fanatisme ; & de l'autre, de la fausse nouvelle que l'on projette de s'emparer des grains au préjudice des braves agriculteurs;

Instruit par plusieurs adresses des autorités constituées, que quelques prêtres, dans le département de Haute-Garonne, mais en très-petit nombre, ayant conservé leurs fonctions, célèbrent un culte public, forment des rassemblemens dangereux, fanatisent le peuple avec une indécence difficile à concevoir, & déclament contre les ci-devant prêtres qui ont eu le courage de professer les grands principes:

Considérant que chaque citoyen se doit à la patrie, qu'il ne lui est pas permis de croupir dans l'oisiveté, lorsque les besoins de la République sont pressans;

Considérant que l'agriculture & les arts utiles ayant fourni de nombreux défenseurs, tout bon citoyen doit, par un surcroît de travail, remplacer les bras qui manient, avec tant de succès, la baïonnette contre la coalition des despotes;

Considérant qu'on honore l'Être suprême par la pratique des vertus, & qu'un homme oisif, fainéant ou débauché, ne sauroit être vertueux;

Considérant que la première base des bonnes mœurs est un travail assidu;

Considérant que le despotisme ne pouvant régner que sur des Êtres corrompus, les tyrans de la France avoient établi plusieurs fêtes, plusieurs jours de repos, bien assurés que l'oisiveté corromproit les cœurs, & les dégradant par la débauche, les asserviroit sous le joug du plus honteux esclavage.

Assuré que les sociétés populaires se réuniront aux Représentans du Peuple pour déjouer ce nouveau complot, pour éclairer tous les citoyens, sur-tout cette portion respectable qui habite les campagnes, & dont la Convention nationale s'occupe avec une sollicitude paternelle;

ARRÊTE:

1°. Les citoyens dans les départemens du Gers & de la Haute-Garonne, sont en réquisition chacun pour le travail qu'il pratique ordinairement;

2°. Il n'y aura de repos que le jour du *Decadi*.

3°. Les citoyens & citoyennes qui contreviendront aux deux articles ci-dessus, ne recevront pas de distribution de pain, grains ou farine pour le jour qu'ils auront passé dans l'oisiveté. Ils seront en outre inscrits sur une liste particulière, que l'on transcrira sur les registres de la commune. Cette liste sera revisée le premier de chaque mois. On formera un tableau contenant le nom des hommes, femmes ou filles, qui dans le courant du mois précédent, auront négligé leurs travaux ordinaires, deux jours seulement (la décade toujours exceptée).

4°. Ce tableau sera publié & affiché; & en outre chaque municipalité en enverra un double au district dont elle ressort.

5°. Ce tableau ſera intitulé : *Liſte des citoyens fainéans & ſuſpects de la commune.*

6°. On y inſcrira les pères & mères dont les enfans vivans avec eux, n'auront pas travaillé.

7°. On y inſcrira également les chefs de boutique & d'atelier, dont les ouvriers auront déſerté deux jours durant le mois, à moins que les chefs n'aient été les dénoncer à la municipalité.

8°. Le diſtrict tranſmettra ce tableau aux comités de ſurveillance, afin qu'ils prononcent la réclusion, ou toute autre meſure de ſureté générale contre les fainéans qui s'y trouveront inſcrits.

9°. Les conſeils généraux des communes, convaincus de n'avoir pas tenu la main à l'exécution des articles ci-deſſus, ſeront deſtitués par les diſtricts & mis en réclusion.

10°. Le repréſentant du peuple attend des conſeils généraux des communes, qu'ils donneront l'exemple de l'aſſiduité au travail.

11°. Les municipalités & les corps adminiſtratifs pourvoiront à ce que les cabarets, auberges & promenades ne deviennent pas habituellement un point de raſſemblement pour la débauche, & pour inſulter aux mœurs publiques.

12°. Dans les communes où il ſe forme de nombreux

raſſemblemens, ſous prétexte de culte, & où les terres ſont négligées ; les corps adminiſtratifs manderont les curés & autres prêtres exerçans, leſquels pourront être retenus par meſure de ſureté géné ale au chef lieu de diſtrict, comme auteurs des troubles.

13°. Les municipalités viſiteront les champs, donneront des ordres précis pour qu'on élague les blés des mauvaiſes herbes, & pour qu'on amène l'entière maturité par les procédés agricoles.

14°. Les diſtricts ſurveilleront rigoureuſement l'exécution de l'article précédent ; ils deſtitueront & dénonceront comme contre-révolutionnaires les maires, officiers municipaux, agens nationaux & notables, qui n'auroient point fait travailler les terres par tous les moyens que la loi indique.

15°. Les meſures ci-deſſus adoptées, ne ſont que proviſoires ; il eſt laiſſé à la prudence des corps adminiſtratifs, chacun dans ſon reſſort, de déterminer l'époque où la réquiſition des citoyens pourra ceſſer, lorſque les intérêts de la République n'exigeront plus un travail auſſi continuel.

16°. Les ſociétés populaires ſont invitées à dénoncer les contraventions, & à démontrer au peuple combien les royaliſtes veulent le tromper, en lui donnant des allarmes ſur les ſubſiſtances, tandis que la Convention nationale & ſon comité de ſalut public s'occupent à raffermir ſon bonheur, & à lui aſſurer tous les avantages du gouvernement démocratique.

17°. Le présent sera imprimé à la diligence des directoires des départemens du Gers & de Haute-Garonne, envoyé aux districts, aux communes, aux sociétés populaires & aux comités de surveillance, & lu dans le temple de la raison, le jour de la prochaine décade.

Fait à Toulouse le jour que dessus.

Signé DARTIGOEYTE.

Par le représentant du peuple,

F. DUCOS secrétaire, *signé.*

Vu au département de la Haute-Garonne, pour être imprimé sur le champ, & envoyé aux districts, municipalités, comités de surveillance, & sociétés populaires du département, pour y être lu, publié & affiché, & exécuté en tout son contenu.

A Toulouse, le vingt-un Floréal, an second de la République Française, une & indivisible.

BLANC, président; *SARTOR*, *GUIRINGAUD*, *LAFONT*, *BELLECOUR*, *DELHERM*, *PICQUIÉ*, *SAMBAT*, Administrateurs.

BEGUILLET, *secrétaire-général.*

A TOULOUSE,
De l'Imprimerie de la Veuve DOULADOURE, rue Saint-Rome.

RÉPUBLIQUE FRANÇAISE, UNE ET INDIVISIBLE.

LIBERTÉ, ÉGALITÉ.

AU NOM DU PEUPLE FRANÇAIS.

Le 23e. jour du mois de Floréal, an second de la République Française.

DARTIGOEYTE, REPRÉSENTANT DU PEUPLE dans les départemens du Gers & Haute-Garonne :

Considérant qu'au moment d'atteindre la récolte, le royalisme paroît redoubler d'intrigues, afin de donner des alarmes sur les subsistances, dans l'objet d'opérer des troubles, de faire isoler les communes entr'elles, & de retarder l'approvisionnement des armées, qui se battent avec tant de succès sur tous les points de nos frontières :

Considérant qu'avec un peu d'économie les subsistances seront assurées, si chaque citoyen veut agir loyalement, parce que les représentans du peuple s'occupent nuit & jour de cette partie importante de la mission qui leur est déleguée :

Considérant, qu'éclairé par l'expérience de plusieurs mois, le peuple doit reconnoître aujourd'hui la sagesse des mesures prises concernant le repartement des grains, & apprécier les criailleries des contre-révolutionnaires qui vouloient créer une disette factice :

Considérant qu'une suite de ces mesures est de niveler les subsistances de district à district, & de commune à commune, de telle sorte que tous participent à une égale distribution ;

ARRÊTE :

1°. Les directoires des départemens du Gers & de la Haute-Garonne ordonneront, d'après le tableau du dernier recensement, le partage égal des grains de toute espèce entre les différens districts de leur ressort respectif.

2°. Les administrations de district devront fournir sur le champ, le contingent qui sera déterminé par le directoire du département.

3°. Les mêmes administrations de district procéderont envers les communes de la manière portée en l'article premier.

4°. Les municipalités sont tenues de se conformer aux ordres du district.

5°. En cas de refus ou retard, soit de la part des administrations pour le nivellement des subsistances de district à district, soit de la part des municipalités pour le nivellement de commune à commune, les administrateurs & les officiers municipaux seront destitués & mis en état d'arrestation.

6°. Tout citoyen ou citoyenne qui résisteroit aux mesures ordonnées par les administrations ou les municipalités, & qui voudroit faire prévaloir, soit par des actions, soit par des propos un vil égoïsme sur l'intérêt général, sera mis en arrestation & dénoncé comme contre-révolutionnaire.

7°. Le directoire du département distraira avant partage la quotité des réquisitions déjà faites, & qui ne sont point exécutées. Il prendra les moyens les plus prompts pour leur entière exécution.

8°. Attendu que les légumes présentent des ressources, & que la prudence conseille une sévère économie, la distribution sera fixée à une livre de pain par jour pour les ouvriers & cultivateurs, & à trois quarts au plus pour tous ceux qui ne travaillent pas.

9°. Les corps administratifs & municipaux veilleront rigoureusement à ce que les citoyens qui ont chez eux des farines ou grains, ne reçoivent pas de distribution, & à ce qu'ils ne consomment que la quantité déterminée ci-dessus : il sera fait en conséquence des visites domiciliaires toutes les fois qu'on le jugera convenable, & on empêchera sur-tout que certains citoyens ayent exclusivement du pain, au préjudice de leurs frères.

10°. Les contingens accordés à certaines communes, par la commission des subsistances ou par les représentans du peuple, ne pourront être distraits ni diminués sans une autorisation préalable.

Au surplus, les corps administratifs auront égard dans leur travail de repartement, au plus ou moins de voyageurs qui fréquentent les communes populeuses, & autres lieux d'un passage journalier, ainsi qu'au plus ou moins de ressources que les communes populeuses peuvent présenter, tant en légumes qu'autrement.

11°. Le directoire du département & les districts sont chargés de tous les moyens d'exécution, de prononcer sur les difficultés, s'il en existe, & de faire tel règlement que les localités pourront exiger.

12°. Il est recommandé aux administrations de département & de district, de seconder par des mesures énergiques, & une surveillance sévère contre les malveillans, l'exécution du présent arrêté qui doit assurer du pain au peuple.

Il nous ſera rendu compte ſous ſix jours au plus tard, du réſultat des opérations.

13°. Les ſociétés populaires ſont invitées à ſe prononcer dans cette circonſtance avec le républicaniſme éclairé qui les caractériſe. Le repréſentant du peuple attend de leurs efforts patriotiques, que chaque citoyen reconnoîtra ſes vrais intérêts, & abjurera un égoïſme d'autant plus criminel qu'il ſert la cauſe des deſpotes.

Le préſent arrêté ſera imprimé à la diligence des directoires des départemens du Gers & de la Haute-Garonne, publié & affiché, envoyé aux diſtricts, communes, ſociétés populaires, comités de ſurveillance, & lu dans le temple de la raiſon.

FAIT à Toulouſe, le jour que deſſus.

DARTIGOEYTE, *ſigné à l'original.*

Par le repréſentant du peuple,

F. DUCOS, *ſecrétaire, ſigné.*

EXTRAIT des regiſtres du département de Haute-Garonne,

Du 23 Floréal, an ſecond de la République une & indiviſible.

L'ADMINISTRATION du Département de Haute-Garonne, aſſemblé dans le lieu ordinaire de ſes ſéances, BLANC, préſident;

Il a été fait lecture de l'arrêté du repréſentant du peuple Dartigoeyte, en date de cejourd'hui, relatif aux ſubſiſtances, & à leur nivellement dans les diſtricts & communes:

Conſidérant que cette meſure eſt des plus urgentes; que ſon exécution prompte doit maintenir la tranquillité publique, & déjouer les projets des malveillans:

Confidérant qu'en même temps que les fubfiftances feront également réparties, il faut tous nous empreffer de réduire notre confommation, afin de venir au fécours de nos frères :

ARRÊTE, 1°. que l'arrêté du repréfentant du peuple, en date de cejourd'hui, fera de fuite imprimé & envoyé le plus promptement poffible aux huit diftricts de l'arrondiffement, afin qu'ils le faffent parvenir à leurs communes refpectives, & qu'enfin il foit exécuté en tout fon contenu.

2°. Comme le nivellement ou partage entre diftricts ne doit avoir lieu qu'en ce qui excède le montant des réquifitions déjà faites & qui ne font pas exécutées, les adminiftrations des huit diftricts font de plus fort requifes, au nom de la loi & du falut public, d'exécuter & remplir en leur entier, chacun en ce qui les concerne, leur contingent des réquifitions en faveur de l'armée, du département du Gard & de la commune de Touloufe.

3°. La commiffion de commerce & approvifionnemens de la république ayant, par fon arrêté du 11 floréal, requis le département de Haute-Garonne de fournir trente mille quintaux de grains, deux tiers en froment, le tiers reftant en menus grains, dans deux décades à compter dudit jour 11 floréal, à cinq diftricts du département du Bec-d'Ambés; favoir, à celui de Cadillac fix mille quintaux, à celui de Libourne huit mille quintaux, à celui de Bourg fix mille quintaux, à celui de la Réole fix mille quintaux, & à celui de Lefparc quatre mille quintaux; il eft enjoint, au nom de la loi & en vertu de la fufdite réquifition de la commiffion des fubfiftances, aux diftricts de Touloufe, Rieux & Villefranche, de fournir les fufdits trente mille quintaux de grains, les deux tiers en froment & l'autre tiers en menus grains, dans le délai prefcrit ; savoir , le district de Toulouse quinze mille quintaux, à prendre sur toutes les communes de son arrondissement, excepté celle de Toulouse ; celui de Rieux dix mille quintaux, & celui de Villefranche cinq mille quintaux. Chacun desdits districts sera tenu de faire verser son susdit contingent dans des magasins à la disposition des commissaires chargés des pouvoirs des susdits districts de Cadillac, Libourne, le Bourg, la Réole & Lespare, à chacun relativement à la quantité qui leur en est accordée par la commission des subsistances, & qui est ci-dessus énoncée.

4°. Conformément à la susdite réquisition de la commission des subsistances ; les susdits districts, chargés de la susdite réquisition, seront tenus de fournir aux préposés des districts de Cadillac, Libourne, Bourg, la Réole & Lespare, tous les moyens de transports nécessaires, & même de requérir les chevaux & voitures dont ils auront besoin : les susdits préposés sont chargés de payer lesdits grains conformément à la loi du 11 septembre dernier, & les frais de transport conformément à la loi du 2 germinal.

5°. Les administrations des districts informeront dans trois jours, tant la commission des subsistances, que l'administration du département, des mesures qu'elles auront prises pour faire la livraison des susdits grains dans le susdit délai.

6°. Étant établi par le dernier recensement des grains fait dans l'étendue du département de Haute-Garonne, que, distraction faite du montant des susdites réquisitions, tant pour l'armée, le département du Gard, la commune de Toulouse & les susdits cinq districts du département du Bec-d'Ambés, il y a des districts dans l'étendue du département de Haute-Garonne, qui, relativement à leur population, ont des subsistances en plus grande quantité que d'autres ; il est enjoint, en exécution du susdit arrêté du représentant du peuple Dartigoeyte, au diſtrict de Toulouſe, prenant ſur les grains qui ſont dans les communes de ſon arrondiſſement, excepté celle de Toulouſe, de verſer en faveur de celui de Muret, la quantité de ſept mille ſix cent ſoixante-cinq quintaux de grains; & aux diſtricts de Rieux, Villefranche, Mont-unité, Caſtelſarraſin & Toulouſe, de verſer en faveur du diſtrict de Revel, la quantité de trois mille huit cent quatre-vingt-neuf quintaux de grains; ſavoir, celui de Rieux, deux mille ſix cent quatre-vingt-cinq quintaux; celui de Villefranche ſept cent ſoixante-cinq quintaux; celui de Caſtelſarraſin trois cent ſoixante-dix-neuf quintaux; & enfin celui de Toulouſe ſoixante quintaux.

7°. L'opération du calcul, & les baſes qui ont donné lieu à l'article précédent, ſera tranſmis au Repréſentant du peuple, ainſi qu'il eſt preſcrit par ſon arrêté, même à la commiſſion des ſubſiſtances.

8°. Le préſent ſera imprimé, & adreſſé aux huit diſtricts, ainſi qu'à toutes les municipalités, ſociétés populaires & comités de ſurveillance, afin qu'ils le faſſent exécuter, comme meſure priſe en exécution de l'arrêté du Repréſentant du peuple & des réquiſitions de la commiſſion de commerce & approviſionnemens de la République.

Délibéré, les jour & an que deſſus.

BLANC, Préſident; *SARTOR*, *BELLECOUR*, *DELHERM*, *LAFONT*, *PICQUIÉ*, *SAMBAT*, Adminiſtrateurs.

BEGUILLET, *ſecrétaire-général.*

A TOULOUSE,
De l'Imprimerie de la Veuve DOULADOURE, rue Saint-Rome.

RÉPUBLIQUE FRANÇAISE UNE ET INDIVISIBLE.

AU NOM DU PEUPLE FRANÇAIS.

Toulouse, le 25.e jour du mois de Floréal de l'an deuxieme de la République française.

DARTIGOEYTE, Représentant du peuple dans les départemens du Gers & Haute-Garonne,

Aux agens nationaux près les districts des départemens du Gers & Haute-Garonne.

TU as dû recevoir par la voie du département, citoyen frere & ami, deux arrêtés que j'ai pris les 21 & 23 courant, sur des objets majeurs, bien dignes de toute ta sollicitude.

L'arrêté du 21 a pour but de déjouer un nouveau complot, en ramenant la confiance chez les agriculteurs que l'on alarme par de fausses nouvelles, & en rendant à la république des bras utiles que le fanatisme & le royalisme réunis voudroient paralyser.

Il semble que les aristocrates redoublent de rage en voyant l'Etre suprême bénir nos champs, faire prospérer nos moissons.

Les scélérats avoient compté sur une disette factice; mais l'énergie de la Convention nationale, l'active surveillance du comité de salut public, les efforts des représentans du peuple délégués dans les départemens, ont déjoué cette trame infernale. Mais de quoi ne sont pas capables les vils suppôts de la tyrannie! Ils ont comploté de détruire, ou du moins de diminuer les immenses ressources que promet la récolte prochaine; & grâces à leurs intrigues, beaucoup de cultivateurs affectent, pour cette superbe récolte, une insouciance inconcevable. Il faut l'avoir vu comme moi, pour croire combien les blés sont négligés dans certaines parties, combien ils sont étouffés par l'herbe.

J'ai voulu remonter aux causes de cet abus, & je me suis assuré, par des rapports fidelles, qu'on disséminoit dans les campagnes des bruits étranges, auxquels on ajoute malheureusement trop de foi.

Ici l'on dit qu'immédiatement après la récolte, on enlevera tous les grains, sans même laisser les moyens de subsistance; là, on débite qu'on va s'emparer de toutes les provisions en salé, & livrer les agriculteurs aux horreurs de la famine, &c. &c.

Ah! si ces bons & braves agriculteurs étoient à portée de connoître la vérité, ils apprécieroient bien de pareils propos. Ils saisiroient, ils livreroient aux autorités constituées les infames royalistes qui osent tenir ce langage contre-révolutionnaire. Ils sauroient combien la Convention nationale chérit le respectable habitant des campagnes, combien elle s'occupe de son bonheur avec une sollicitude paternelle; ils sauroient que c'est à l'amour de la Convention nationale pour le peuple, que sont dues les lois bienfaisantes qui assurent des secours à l'indigence laborieuse, & une portion dans les biens des émigrés, aux citoyens non propriétaires.

C'est à toi, frere & ami, de concert avec tes collegues, les municipalités & les sociétés populaires, à détruire une erreur qui pourroit avoir des suites funestes. Parcours les cantons, parle au peuple, fais des recherches sur les auteurs & moteurs, qui devront être arrêtés & envoyés au tribunal révolutionnaire.

Surveille avec une austérité qui n'admet ni complaisance, ni considération, ni foiblesse, l'exécution de l'arrêté du 21. Il faut que les champs soient exactement travaillés; il faut punir comme mauvais citoyen, comme royaliste, tout homme qui se refuseroit au travail, le jour de la décade excepté. Mets en réquisition, si le cas l'exige, un certain nombre d'habitans de telle ou telle commune, pour travailler dans telle autre; que ton énergie porte la terreur dans l'ame des aristocrates; donne de l'activité aux officiers municipaux, & inspire un enthousiasme patriotique à tous les administrés.

Réprime sur-tout les efforts du fanatisme. Eclaire les hommes égarés, mais frappe sans pitié les chefs de parti, les auteurs des troubles; & si parmi les fanatiseurs tu trouves des officiers municipaux, ou tel autre fonctionnaire public, souviens-toi qu'ils sont les plus coupables, & d'autant plus coupables, qu'ils abusent de la confiance du peuple pour opérer la contre-révolution.

L'esprit public dans les communes dépend en général de la conduite des municipalités. Une regle sure que tu dois mettre en pratique, c'est de rendre responsables les officiers municipaux de la non-culture des terres, des troubles, des rassemblemens. Sois donc sévere envers les municipalités qui ne justifieront pas de l'entiere exécution des lois ou des arrêtés des représentans du peuple & corps administratifs.

Tous les articles de l'arrêté exigent de ta part beaucoup de surveillance; mais tu reconnoîtras sans doute que les XII, XIII & XIV sont pour ainsi dire l'abrégé des autres. Je t'invite donc à ne pas les perdre de vue un seul instant, & je te demande de me rendre un compte détaillé de tes opérations.

La partie des subsistances doit également fixer ton attention. Tous les citoyens auront du pain, si on exécute l'arrêté du 23, portant nivellement des grains de district à district & de commune à commune.

Loin de nous cet égoïsme barbare qui isole les citoyens. La république une & indivisible ne forme qu'une même famille de freres. Le grand art des monstres couronnés fut de diviser la France esclave par des coutumes, des intérêts, des usages différens. La France libre n'a & n'aura qu'un seul intérêt des lois uniformes.

Le vrai républicain partage ses subsistances avec son frere; il rougit de consommer deux, trois livres de pain par jour, tandis que son voisin n'en a pas demi-quart.

Où en serions-nous, si les représentans du peuple n'avoient pas eu le courage de réprimer l'égoïsme? Combien de citoyens auroient éprouvé les horreurs de la famine! & quels citoyens! Non certes les hommes riches ou aisés, ils avoient abondamment du grain, mais les citoyens ouvriers, cultivateurs, les citoyens indigens; voilà pourquoi l'homme riche, l'agriculteur, bien approvisionné, déclamoient avec tant de fureur contre les mesures sages qui devoient nourrir le peuple.

Ces déclamateurs éternels chercheront encore les moyens d'éluder l'arrêté du 23; ils auront l'audace, ou de garder exclusivement le froment, ou de s'approprier une plus grande part dans les distributions. Ayons l'œil ouvert sur ces égoïstes aristocrates, & sur les municipalités qui les protégeroient. Il faut que chacun reçoive également, c'est-à-dire, que celui-ci ne consomme pas du froment pur, tandis que celui-là ne consomme que du seigle, du millet ou de l'orge. Je déclare que si un citoyen se permet d'avoir un pain particulier, différent de celui des cultivateurs, des ouvriers de sa commune, je le ferai poursuivre devant les tribunaux conjointement avec la municipalité, comme étant la premiere coupable pour l'avoir toléré.

Je termine, citoyen frere & ami, en t'exhortant à bien ménager, à bien répartir les subsistances, à fournir sur-tout de préférence les ouvriers, les cultivateurs laborieux, les citoyens indigens. Réduits, s'il est nécessaire, les trois quarts de pain accordés aux citoyens non-travaillant, parce que les muscadins & muscadines ont des ressources, & menent d'ailleurs une vie inerte.

On ne doit concevoir aucune alarme. Les légumes de toute espece arrivent à leur parfaite maturité, ainsi que l'orge & le seigle. Je pourvoirai à la nourriture du peuple; il peut compter sur cet engagement, que je contracte & que je te charge de lui transmettre.

SALUT ET FRATERNITÉ,

DARTIGOEYTE.

P. S. Le nivellement de commune à commune est un objet important; pour y parvenir avec une donnée certaine, il faut sur-le-champ ordonner que tous les citoyens apporteront dans un grenier commun de chaque municipalité, les grains & farines qu'ils ont en leur pouvoir, afin de fournir ensuite à tous les administrés par portions égales. Les municipalités devront encore constater la quantité de pain existant chez les particuliers.

Les districts sont chargés des reglemens d'exécution, des visites domiciliaires; ils sont chargés de prendre des mesures convenables pour que les feves & légumes soient à fur & mesure de leur maturité, distribués économiquement, sous la surveillance de la municipalité, de telle sorte que celui qui n'en a pas puisse en recevoir une quantité déterminée, en les payant au *maximum*.

DARTIGOEYTE.

Pour copie conforme,

DESCOMBELS, agent national.

RÉPUBLIQUE FRANÇAISE, UNE ET INDIVISIBLE.

LIBERTÉ, ÉGALITÉ.

AU NOM DU PEUPLE FRANÇAIS.

Le 14e. jour du mois Prairial, de l'an deuxième de la République Française.

DARTIGOEYTE, REPRÉSENTANT DU PEUPLE dans les départemens du Gers & Haute-Garonne :

Vu les réclamations des différens districts du département de la Haute-Garonne, contre le résultat du recensement fait par le directoire du département :

Considérant que chaque district excepte de beaucoup d'erreurs de calcul, les quantités de grains que l'on dépose dans les magasins ne correspondant pas avec le tableau imprimé :

Considérant qu'il importe, ou de rectifier ces erreurs, si elles existent, afin d'aviser promptement au moyen de nourrir le peuple ; ou de faire punir, si elles n'existent point, les administrations qui oseroient se permettre des déclamations contre-révolutionnaires, & des refus coupables d'exécuter les réquisitions :

Voulant être fixé sur cet objet d'une manière positive ;

ARRÊTE : 1°. Le directoire du département nommera des commissaires pris dans toute l'étendue du département, mais qui ne pourront opérer dans le district qu'ils habitent; lesquels commissaires vérifieront & recenseront tous les grains & légumes secs, qui se trouvent dans chaque commune, ainsi que le pain qui est boulangé :

2°. Cette opération se fera par visites domiciliaires, & avec la force armée si besoin est :

3°. Le directoire du département désignera aux commissaires les districts où ils devront se transporter.

4°. Sous quatre jours au plus, le résultat général nous sera fourni par le département.

5°. Les districts pourront adjoindre des commissaires à ceux désignés par le département.

6°. Les commissaires aux réquisitions sont invités d'assister à l'opération, pour s'assurer par eux-mêmes de l'exactitude.

7°. L'opération n'aura pas lieu dans les districts qui conviennent que le travail du département est en règle, cette mesure ne concernant que les districts réclamans.

FAIT à Toulouse, le jour que dessus.

Signé DARTIGOEYTE.

EXTRAIT DES REGISTRES

DU DÉPARTEMENT DE HAUTE-GARONNE,

Du 14 Prairial, l'an deuxième de la République française.

L'ADMINISTRATION du département de Haute-Garonne, assemblée dans le lieu ordinaire de ses séances; SAMBAT, président :

VU l'arrêté ci-dessus, l'administration considérant que

tous les districts ont réclamé contre le résultat du recensement déjà fait :

Arrête que le susdit arrêté du représentant du peuple sera imprimé avec le présent, & envoyé à tous les districts de l'arrondissement, pour être exécuté en tout son contenu.

En conséquence, l'administration nomme commissaires pour se transporter dans les différentes communes du district de Toulouse, excepté dans celle du chef-lieu dudit district, & y procéder à l'exécution du susdit arrêté, les citoyens *Houdin*, *Gleizes*, *Courties*, *Dayguy*, *Sol*, *Bonnemaison*, *Lacroix*, *Darré*, *Sartans* & *Castaing*, tous dix habitans dans des communes du district de Muret :

Pour les communes du district de Revel, les citoyens *Manent*, *Desazars*, *Balat* & *Galabert*, tous quatre habitans dans des communes du district de Villefranche :

Pour les communes du district de Villefranche, les citoyens *Rochas*, *Delom*, *Augé-Lalande*, *Durand-Ribes*, *Cezar* & *Salvain-Lapergue*, tous six habitans dans des communes du district de Revel :

Pour les communes du district de Beaumont, les citoyens *Richard*, *Arnoux*, *Jougla*, *Timbal* & *Cougouroux*, tous cinq habitans dans des communes du district de Castelsarrazin :

Pour les communes du district de Rieux, les citoyens *Riviere*, *Suberville*, *Foch*, *Lahore*, *Bonnemaison*, *Beau*, *Gage* & *Lacombe*, tous huit habitans dans des communes du district de Mont-Unité :

Pour le district de Castelsarrazin, les citoyens *Rougean fils*, *Vidailhan jeune*, *Goudin* de Launac, *Capela* de Saint-Nicolas & *Sagousan fils*, tous cinq habitans dans des communes du district de Beaumont :

Pour le district de Muret, les citoyens *Toussaints Caze*,

Pannebiau, *Doutre*, *Biſcomte*, *Vaiſſe*, *Treſarieux* & *Daubert*, tous ſept habitans dans des communes du diſtrict de Toulouſe :

Pour le diſtrict de Mont-Unité, les citoyens, *Dario*, *Mailhac*, *Daran*, *Rufat*, *Rivière*, *Coſtes*, *Fortanié*, *Limargue*, *Delom*, *Rouch* & *Semiac*, tous onze habitans dans des communes du diſtrict de Rieux.

Les diſtricts demeurent chargés d'adreſſer un exemplaire deſdits arrêtés aux commiſſaires réſidans dans leur arrondiſſement reſpectif, afin qu'ils ſe rendent de ſuite dans celui où ils doivent procéder : ils ſe diviſeront pour opérer, chacun dans un canton ; & dans le cas, qu'en exécution de l'article 5, les diſtricts nomment des adjoints, ils le feront ſur le champ, afin que le recenſement n'éprouve aucun retard, & que les procès-verbaux ſoient remis au département dans le délai preſcrit par l'arrêté du Repréſentant du peuple.

Délibéré au Département, leſdits jour & an que deſſus.

SAMBAT, préſident ; LAFONT, BELLECOUR, GUIRINGAUD, BLANC, DELHERM, PICQUIÉ, SARTOR, adminiſtrateurs.

BEGUILLET, *ſecrétaire-général*.

A TOULOUSE,
De l'Imprimerie de la Veuve DOULADOURE, rue Liberté, première Section, N°. 44.

RÉPUBLIQUE FRANÇAISE, UNE ET INDIVISIBLE.

AU NOM DU PEUPLE FRANÇAIS.

Le 18e. jour du mois de Prairial de l'an deuxieme de la République françaife.

DARTIGOEYTE, Réprésentant du Peuple, dans les Départemens du Gers & Haute-Garonne;

Confidérant, qu'après avoir comprimé les intrigues du royalifme, en nivellant les fubfiftances, en s'occupant avec une vive follicitude, par des réductions économiques de la nourriture de tous les Citoyens, & plus particulierement des Ouvriers, des Cultivateurs, des Indigens, le Repréfentant du Peuple doit aujourd'hui completter les mefures de Salut public en cette partie, prendre des moyens de prudence pour conferver, pour utilifer, d'une maniere profitable au Peuple les premieres reffources que la récolte va préfenter;

Confidérant que le parti de l'étranger s'agite avec fureur, qu'il tente à Paris l'affaffinat des plus intrepides, des plus fideles Mandataires du Peuple; que dans les Départemens il s'efforce d'égarer les Citoyens, de reveiller l'égoïfme, d'isoler, non-seulement les Communes, mais encore les familles entr'elles, afin de rallentir cet enthousiasme saint, qui fait trembler les despotes, & place la Nation française au-dessus de toutes les Nations de l'univers ;

Qu'un des moyens employés par les Agens de Pitt, est de retarder la coupe des foins & des bleds, en excitant les Ouvriers à se coaliser ; à ne travailler qu'à des conditions tellement onéreuses, qu'il est impossible au propriétaire de récoltes de pouvoir les remplir ;

Que certains exigent des sommes en especes excédant six fois le *maximum* ; que les autres commencent la journée à neuf heures du matin pour la finir à trois heures de l'après-midi ; que la plupart prétendent ne pas tenir leurs engagemens sur le pied fixé en grains proportionnellement au nombre des gerbes ; que de-là vient la non-culture des terres, au point que les bleds sont étouffés par les herbes, ce qui nuit étrangement aux intérêts de la République, & occasionneroit un préjudice irréparable, si on n'adoptoit des mesures aussi promptes que séveres.

Considérant, que la Loi, ayant déterminé la quotité du prix des journées, nul ne peut l'excéder sans se rendre coupable.

Que les Conventions stipulées, d'après l'usage de tel nombre de setiers, sur telle quantité existant, ne peuvent recevoir d'accroissement, par cette raison sensible, que les grains valant un tiers plus qu'en 1790 (vieux style) ; l'augmentation se trouve par là même au profit des batteurs en grange ; attendu encore que, d'après la loi, il est défendu d'extraire ni de prélever la ci-devant dîme.

Considérant, que tous les grains ayant été nivellés de District à District, de Commune à Commune, la fraternité, l'équité exigent que les seigles, les orges soient égallement partagés, afin que chaque Citoyen recoive de ses freres les moyens de subsistance, que lui-même leur avoit précédemment fourni ;

Considérant, que le produit de cette récolte très-prochaine est dû principalement aux braves Cultivateurs, aux Ouvriers, aux Indigens, en raison de leur grande utilité; que c'est une bien douce satisfaction pour le Représentant du Peuple, de pouvoir procurer une nourriture abondante à cette portion respectable, qui supporte le poids du jour & se livre à des travaux pénibles.

ARRÊTE:

ARTICLE PREMIER.

Tous les Citoyens & Citoyennes qui ont coutume de vaquer aux travaux de la campagne, soit Batteurs en grange, Solatiers, Estivandiers, Metiviers, soit sous quelqu'autre dénomination qu'ils puissent être connus dans les deux Départemens du Gers & de la Haute-Garonne, sont mis en réquisition pour les travaux agricoles, la coupe des foins, des orges, des seigles & des bleds en général.

II.

Ces Citoyens sont tenus de commencer & finir la journée suivant l'usage; ils seront payés au *maximum* déterminé, si la journée se paye en espèces & suivant le même taux des années antérieures, si le travail se paye en grains; mais s'ils se permettent d'abréger la journée on ne les payera qu'en proportion du temps utile.

III.

Les engagemens contractés avec les propriétaires ou avec les Bordiers pour travailler les champs, faucher les foins, couper les grains, serrer les gerbes, les battre &c., moyennant telle quantité de grains en nature seront exécutés. Tout propriétaire de récolte qui emploiroit des Citoyens au préjudice de l'exécution des engagemens dont s'agit, précédemment convenus avec un autre & non légalement annullés, sera condamné en trois cens livres d'amende & reclus pour six mois.

IV.

Tout Citoyen qui payera en espèces au-delà du *maximum*

ou qui prcimettra une plus forte quantité de grains que celle déterminée pour les années antérieures, est déclaré suspect, il sera mis en arrestation & jugé révolutionnairement.

V.

Tout Citoyen ou Citoyenne qui se refuseroit au travail à couper les foins, à serrer les gerbes, à les battre, sera arrêté sur le champ, condamné à cent livres d'amende & réclus pour trois mois.

V I.

S'il y a coalition dans une Commune entre les ouvriers pour abandonner ou négliger, soit les récoltes, soit la culture des champs ou des vignes, les Citoyens réfusant seront considérés comme royalistes & conspirateurs; on les jugera révolutionnairement.

V I I.

Les Districts surveilleront rigoureusement les Municipalités: ils feront des réquisitions de Commune à Commune si besoin est, afin que les champs soient promptement moissonnés; ils pourront également faire des réquisitions individuelles aux gens oisifs, dont les bras deviennent nécessaires à l'agriculture & à la coupe des foins.

V I I I.

Les Municipalités recenseront les seigles & les orges à fur & mesure qu'on les récoltera, elles les feront battre sur le champ, & enverront jour par jour au District de leur ressort, le resultat nominatif de ce recensement.

I X.

Tous les trois jours les Districts enverront le résultat général de ce recensement.

X.

Pour l'exécution, les Districts nommeront des Commisſaires ; en nombre ſuffiſant, qui ſe tranſporteront dans les Communes, & procèderont de concert avec les Municipalités.

X I.

Les Directoires des Départemens du Gers & de la Haute-Garonne, chacun dans ſon reſſort, nivelleront ſucceſſivement les orges & les ſeigles, d'après la population effective de chaque Diſtrict, ſans exception d'aucune Commune.

X I I.

Les grains qui ſeront fournis ſeront ſur le champ payés au *maximum* ; à cet effet, les ſommes néceſſaires pourront être priſes dans les caiſſes des receveurs de Diſtrict, à charge de les réintégrer à ſur & meſure des livraiſons. Les Adminiſtrateurs de Diſtrict répondront perſonnellement de cette réintégration.

X I I I.

En échange des ſeigles & orges qui leur auront été fournis, les Diſtricts remettront une quantité équivalente de froment, d'après la différence des prix au *maximum*.

Il ſera libre aux Citoyens de renoncer à la remiſe en nature, s'ils préférent conſerver le prix en eſpeces.

X I V.

Le nivellement des orges & ſeigles, n'aura lieu que juſqu'à concurrence de la quantité néceſſaire, pour atteindre la pleine moiſſon du froment.

L'excédent reſtera dans les Communes, ſoit pour ſervir à la nourriture des habitans durant l'année, ſoit pour acquitter les réquiſitions qui pourront avoir lieu ; ſoit enfin pour être vendu ou utiliſé par les Citoyens, conformément aux loix.

X V.

Tout ce qui pourroit être dû sur les réquisitions en faveur de l'armée, ou ce qui a pu être pris dans les magasins Militaires, sera acquitté en seigle de la maniere la plus prompte. Le Département fournira au Représentant du Peuple l'état de situation, sur l'acquit des réquisitions en retard, afin de poursuivre devant les Tribunaux les Administrations de District, qui seroient coupables de mauvaise volonté, ou de négligence. L'exécution des réquisitions ne pourra être suspendue sous le prétexte du présent article.

X V I.

Du moment que les seigles & orges présenteront quelques ressources effectives, il sera distribué la quantité de grains nécessaires pour produire cinquante-deux livres de farine poids de marc, pour un mois par chaque individu, composant les familles des Cultivateurs, Ouvriers, Agriculteurs dans les campagnes.

La distribution dans les ci-devant villes, ne pourra exceder une livre un quart par jour, pour chaque individu.

X V I I.

Cette taxe n'est que provisoire, afin de ménager les orges & seigles, & avoir le temps d'en constater le montant. Le Département est autorisé à la lever du moment que le produit des récoltes pourra le permettre.

X V I I I.

Le présent Arrêté sera imprimé à la diligence des Directoires des Départemens du Gers & Haute-Garonne, pour être envoyé par des extraordinaires aux Districts, Communes & Sociétés Populaires, Comités de Surveillance, lu au

Peuple au prochain *decadi*, publié & affiché dans l'étendue desdits Départemens.

Fait à Toulouse le jour que dessus.

DARTIGOEYTE.

Par le Représentant du Peuple,

F. DUCOS, *Secrétaire.*

L'Administration du Département de Haute-Garonne, vu l'Arrêté ci-dessus, arrête qu'il sera imprimé de suite pour être envoyé dans tout demain aux autorités constituées, & exécuté selon sa forme & teneur.

Fait à Toulouse le 18 Prairial, an 2.e de la République française, une & indivisible.

SAMBAT, Président.

LAFONT; *GUIRINGAUD*; *BELLECOUR*; *SARTOR*; *DELHERM*; *PICQUIÉ*; *BLANC*, administrateurs.

BEGUILLET, Secrétaire-général.

A TOULOUSE,

De l'Imprimerie de P. LALANNE, Imprimeur-Libraire, rue Liberté, ci-devant Rome, Section 3, n°. 15.

RÉPUBLIQUE FRANÇAISE, UNE ET INDIVISIBLE.

AU NOM DU PEUPLE FRANÇAIS.

Le vingt-cinquieme jour du mois de Messidor, de l'an deuxieme de la République Française.

DARTIGOEYTE, REPRESENTANT DU PEUPLE, dans les Départemens du Gers & Haute-Garonne.

Vu la délibération du Conseil général de la commune de Sainte-Christie, en date du septieme courant, qui réclame la mise en liberté du nommé Antoine-Claude Lalanne, réclus à Auch.

Vu notre arrêté qui renvoit au District & au comité de surveillance de Nogaro, pour donner séparément leur avis.

Vu l'avis du comité de Surveillance, portant que Lalanne s'est fortement acharné à tenir le parti des prêtres réfractaires, à fanatiser les habitans, au point qu'ils sont encore imbus des mêmes préjugés; & qu'il seroit dangéreux de permettre qu'il revint dans une commune, ou les principes républicains ne sont pas solidement établis.

Vû l'avis de l'Administration du District de Nogaro, conforme à celui du comité de Surveillance;

Considérant qu'on doit faire une grande différence entre les Citoyens peu éclairés, qui n'alloient pas à la messe des prêtres constitutionnels, par préjugé de conscience; & des hommes fanatiseurs, qui abusant de leur influence, trompoient le peuple, fomentoient la contre-révolution, sous prétexte d'idées religieuses.

Que Lalanne paroît être du nombre des fanatiseurs, qu'il est d'autant plus coupable, que sa conduite provient d'un vil égoïsme, en ce que son oncle curé de la même commune de Sainte-Christie fût expulsé de la cure, comme prêtre réfractaire, ce qui prouve que Lalanne servoit l'aristocratie & vouloit servir son intérêt individuel au préjudice de l'intérêt général par des démarches fanatiques, par un abus de confiance.

Considérant que le Conseil général de la Commune de Sainte-Christie déshonore son caractere, en réclamant la mise en liberté d'un pareil homme, & que cette réclamation démontre que l'esprit républicain n'a pas fait de grands progrès à Sainte Christie, puisqu'on y protege aussi ouvertement un contre-révolutionnaire.

Considérant qu'il importe d'opposer une barriere insurmontable au systême des indulgens, qui conspirant toujours contre la liberté avec une nouvelle audace, veulent protéger les aristocrates, afin de perdre les patriotes.

Intimement convaincu que l'humanité consiste, non à s'appitoyer sur le sort des ennemis du peuple, parce qu'alors on trahit le peuple, on lui prépare de nouveaux malheurs; mais à poursuivre avec rigueur & avec justice tous les aristocrates ; tous les malveillans , tous les conſpirateurs au même temps qu'on défend les vrais Républicains.

ARRÊTE.

1°. Il n'y a lieu à délibérer ſur la miſe en liberté de Lalanne.

2°. Le Conſeil général de la commune de Sainte-Chriſtie, Diſtrict de Nogaro, Département du Gers, eſt deſtitué de ſes fonctions, comme en ayant abuſé, pour proteger un ariſtocrate, & ſurprendre la confiance du Repréſentant du peuple.

3°. Sont exceptés des diſpoſitions de l'article 2e. les membres qui n'ont point concouru à la délibération du 7 courant.

4°. Ducos, Maire & François Duffau, Agent National de la commune de Sainte-Chriſtie, ſeront ſur-le-champ traduits dans la maiſon de réclusion à Lectoure.

5°. Tous les autres ſignataires de la délibération du 7 courant, ſont renvoyés devant le comité de ſurveillance de Nogaro; qui appliquera les diſpoſitions de la loi, en ayant égard à la conduite, au caractere & à la moralité de chacun des fonctionnaires publics deſtitués.

6°. L'adminiſtration du Diſtrict de Nogaro, nommera une commiſſion de quatre membres pour remplacer le Conſeil général deſtitué. Les membres non ſignataires entreront dans cette commiſſion.

7°. Il eſt ſurcis à la formation d'un nouveau Conſeil général, juſqu'au moment où le Diſtrict aura déclaré, que la commune de Sainte-Chriſtie profeſſe les principes républicains, & mérite l'eſtime & l'amitié des Patriotes.

8°. L'Agent National près le District de Nogaro, demeure chargé de l'entiere exécution du présent.

9°. Charge le Directoire du Département de la Haute-Garonne, de faire imprimer le présent arrêté & de le transmettre aux Districts, Communes, Sociétés Populaires & Comités de Surveillance de son ressort, pour être publié & affiché, lu au Peuple assemblé, le Décadi, qui suivra la réception. Au surplus le même Directoire est chargé d'en transmettre directement douze cents exemplaires au Département du Gers, qui demeure tenu du même envoi indiqué ci-dessus.

Fait à Toulouse, le jour que dessus.

DARTIGOEYTE.

Par le Représentant du Peuple.

F. DUCOS, *Secrétaire.*

Vu au Directoire du Département de Haute-Garonne, pour être imprimé sur le Champ & exécuté en tout son contenu.

Fait en Directoire le 25 e Messidor, an 2.e de la République française, une & indivisible.

PICQUIÉ, Président.

LAFONT; *SARTOR*; *BLANC*; *SAMBAT*; *DELHERM*, administrateurs.

BEGUILLET, Secrétaire-général.

A TOULOUSE,

De l'Imprimerie de P. LALANNE, Imprimeur-Libraire, rue Liberté, ci-devant Rome, Section 3, n°. 15.

RÉPUBLIQUE FRANÇAISE, UNE ET INDIVISIBLE.

AU NOM DU PEUPLE FRANÇAIS.

Le vingt-sixieme jour du mois de Messidor, de l'an deuxieme de la République Française.

DARTIGOEYTE, REPRÉSENTANT DU PEUPLE, dans les Départemens du Gers & Haute-Garonne.

Vu cinq verbaux de perquisition des 14, 15 & 25 Messidor présent mois, à nous adressés par l'Agent national, près le District de Revel, desquels il résulte.

1°. Que les nommés Jacques Boyer; Gelis Bejeaut; André Salvi meunier; François Jordy, Jean & Jacques Marty freres, & Labatut, habitans du District de Revel, ont vendu des grains chez eux infiniment au-dessus du *maximum*.

2°. Que Guillaume Montagné; Jean Riuals; Joseph Itier; François Rouget; Jacques Lauret; Jacques Montagné; Barthelemi Amat; Etienne Colombier; François Boulé & Joseph Cousinier, habitans du Département du Tarn, ont acheté ces grains.

3°. Qu'il en a été trouvé chez lesdits Boyer; Bejeaut;

Salvy; Jordy & Marty, freres, une quantité considérable non déclarée.

4°. Que partie des sus-nommés ont été incarcérés pour raison des délits ci-dessus.

5°. Que Joseph Itier n'a point voulu déclarer à qui il avoit acheté les grains qu'il colportoit

Vu encore les trois Arrêtés pris par l'Administration du District de Revel, les 25 & 28 Prairial dernier, portant suspension & arrestation des Maires & Agents nationaux, près les Communes de Caraman, Bellevue (ci-devant St.-Felix) & Mont-Civique, (ci-devant St.-Julia) pour raison de négligence, lenteurs & falsification dans les rescencemens des grains, ordonnés par le District & par le Représentant du Peuple.

La copie de la lettre écrite au District par l'Agent national, près la Commune de Caraman, contenant les mesures prises à cet égard par la Municipalité.

Celle à nous écrite par cet Agent national, relativement à sa suspension & arrestation.

Vu enfin la lettre de l'Agent national, près le District de Revel, sur la maniere dont Ausat, Agent national & ex-Curé de la Commune de Caramant, remplit ses devoirs;

Considérant que les Loix ont été violées avec une audace difficile à concevoir;

Que c'est à la conduite de ces hommes accapareurs de subsistances & vrais suppots du royalisme, que l'on doit attribuer les allarmes disseminées dans les Départemens du Gers & de Haute-Garonne;

Considérant que les Municipalités, coupables du récel & fausse déclaration des grains mis dans les magasins communs, ont prévariqué dans l'exercice de leurs fonctions, ont contrarié autant qu'il étoit en elles les mesures du gouvernement; ont abusé de leur autorité pour rendre illusoires les vues paternelles de la Convention nationale;

Considérant que ceux là sont les ennemis du peuple qui cachent les subsistances; parce qu'alors la quantité réelle se trouvant diminuée, on est forcé de diminuer aussi la ration de pain, en ſorte que ſi chaçun eût fait un déclaration ſincere, les cultivateurs, les ouvriers, n'auroient ſupporté aucune réduction ;

Conſidérant que la nourriture du peuple eſt devenue, pour certains hommes ariſtocrates, égoïſtes, immoraux & pervers, un objet de ſpéculation criminelle ;

Qu'abuſant des circonſtances & prenant des précautions extraordinaires, ces vampires ont vendu juſqu'à deux cens francs le quintal de bled, à des Citoyens des Départemens du Bec-d'Ambés & du Tarn.

Que le Diſtrict de Condom, ſur-tout d'après les renſeignemens qui nous ſont parvenus, a été le principal théâtre de cette uſure attroce.

Qu'on ſe rendoit dans des bois durant la nuit pour y traiter ces achats, ſans que l'acquereur à qui on avoit mis un mouchoir ſur les yeux peut connoître les perſonnes qui lui vendoient ou apportoient les grains.

Que les Citoyens livrés ainſi à la cupidité & à l'ariſtocratie, ſont des Sans-culottes, des Ouvriers, de malheureux peres de famille qui ont vendu leurs meubles pour ſe procurer les ſommes néceſſaires ;

Conſidérant que l'intérêt national exige une recherche ſévere de pareils abus, qu'il importe de venger la juſtice, la vertu étrangement méconnues, & d'adopter des meſures capables d'effrayer le crime, de prévenir de nouvelles uſures, de nouveaux accaparemens, en ôtant l'eſpoir de l'impunité, en prouvant aux Citoyens que les Repréſentans du peuple, ſurveillent la malveillance, & que toute manœuvre criminelle amenne tôt ou tard ſon auteur ſous le glaive des lois.

ARRÊTE :

1°. Les nommés Jacques Boyer ; Gelis Bejeaut ; André Salvy, meunier ; François Jordy ; Jean & Jacques Marty, freres ; Joſeph Itier & Labatut, ſeront jugés d'après les faits dont s'agit, conformément aux Lois.

2°. Les Municipalités & Agents nationaux près les Communes de Caraman, Bellevue, (ci-devant Saint-Felix) & Mont-Civique, (ci-devant Saint-Julia) sont destitués de leurs fonctions, le District de Revel formera une commission municipale parmi les Notables, en attendant qu'il nous soit présenté de bons Citoyens pour remplacer lesdites Municipalités.

3°. Les membres formant ces trois Municipalités, ainsi que les Agents nationaux sont renvoyés pour fait de prévarication & d'abus de confiance, devant l'Accusateur public, près le Tribunal criminel de la Haute-Garonne, qui est chargé de toutes les poursuites nécessaires & de faire telles démarches qu'il appartiendra pour la prompte confection de la procédure.

Le même Accusateur public surveillera également la procédure à diriger contre les dénommés en l'article premier, à cet effet toutes les pieces, procès-verbaux & arrêtés lui seront incessamment adressés.

4°. Les grains non déclarés qui ont été saisis, soit chez les particuliers, soit dans les greniers communs, sont confisqués. On les déposera dans le magasin du District de Revel pour être distribués aux citoyens indigens dans une proportion économique.

5°. Les sommes représentatives du prix des grains qui ont été également saisies chez les vendeurs, seront adressées à l'Accusateur public, afin d'être déposées au greffe des Tribunaux qui en devront connoître.

6°. L'Accusateur public est chargé sous sa responsabilité personnelle de nous rendre compte des jugemens qui seront intervenus.

7°. N'étant pas juste que les citoyens qui ont déposé leurs grains dans les magasins communs, en perdent la valeur par défaut de déclaration de la part des Municipalités, le prix desdits grains confisqués sera sur le champ payé aux Propriétaires par les Membres & Agens nationaux des Municipalités destituées, chacune pour la quantité qu'elle n'a pas déclaré ; les Membres de chaque Municipalité étant solidaires & responsables entr'eux. A cet effet, l'Administration déterminera la somme à payer d'après le nombre de quintaux non déclarés par chacune des trois Municipalités ; elle reglera la quotité due à chaque propriétaire de grain, & nous rendra compte du résultat.

8°. La mise en liberté des citoyens Guillaume Montagné, Jean Rivals, François Rouget, Jacques Lauret, Jacques Montagné, Barthelemi Amat, Etienne Colombiers, François Bousé & Joseph Cousinier, habitans du Département du Tarn est approuvée. Ces citoyens ne pourront être recherchés pour raison des achats de grains dont est question ci-dessus.

9°. Ne pourront également être recherchés les Cultivateurs, Ouvriers, les Vignerons, Travailleurs de terre, ou aux atelliers, Journaliers, Laboureurs, &c., s'ils vont dans le délai d'une décade, à dater de la publication du présent, dénoncer & déclarer les achats de grains qu'ils ont été forcé de faire à un prix exhorbitant.

10. Ces déclararions devront être faites aux Comités de Surveillance, ou aux Juges de Paix, qui en adresseront dans le jour une copie à l'administration du District de leur ressort & à l'Accusateur Public, près le Tribunal Criminel, afin qu'on fasse les procédures nécessaires contre les vendeurs de subsistances au-dessus du *maximum*, leurs fauteurs & adhérants.

11°. Les sommes payées au-delà du *maximum* devront être restituées avec l'intérêt à dater du jour de l'achat, aux Citoyens qui se seront conformés aux dispositions des articles 9 & 10, dans le cas, & non autrement que le fait sera reconnu vrai & l'également établi.

12°. La notice des jugemens qui interviendront sur cette matière sera envoyée au Directoire du Département, qui la faira imprimer, publier & afficher dans toutes les Communes, cette notice contiendra le nom, le domicille de l'individu condamné & les peines prononcées.

13°. Les Sociétés Populaires sont invitées à se prononcer avec énergie dans cette circonstance importante, à se bien persuader que l'intérêt de la Liberté exige qu'on démasque les scélérats qui accaparent les subsistances, qui en trafiquent pour s'enrichir aux dépens de l'indigent. Le Représentant du Peuple attend du zele, du républicanisme des Sociétés Populaires qu'elles recueilleront tous les renseignemens possibles, & les transmettront, soit aux Comités de Surveillance, soit aux Administrations de District, soit aux Accusateurs publics.

14°. Il est enjoint aux Juges de Paix & Tribunaux, d'informer d'office sur la violation du *maximum*, & d'appliquer avec justice & sévérité les dispositions de la Loi.

15°. Le décadi qui suivra la réception, le présent sera lu au peuple assemblé; savoir, dans les chefs lieux de canton par un membre de l'administration du District, & dans les autres Communes, par un Citoyen que les Districts désigneront chacun dans son ressort, au surplus, le présent arrêté sera lu de nouveau par les officiers Municipaux revêtus de leurs écharpes, aux deux décadi qui suivront celui ou la premiere lecture aura été faite; & les Agents nationaux près les Districts, dans les Départemens du Gers & de Haute-Garonne, sont spécialement chargés de surveiller l'exécution.

16°. Charge le Directoire du Département de Haute-Garonne, de faire imprimer le présent pour être publié & affiché, envoyé à toutes les Communes, Sociétés Populaires, Justices de Paix & Comités de Surveillance de son ressort, ainsi qu'au Tribunal Criminel; le charge en outre d'en adresser directement par des extraordinaires, quinze cents exemplaires au Directoire du Département du Gers qui, demeure tenu du même envoi. Le charge enfin, d'adresser aussi un certain nombre d'exemplaires, aux Districts de Cadillac, la Réole & Bazas, dans le Département du Bec-d'Ambés, de même qu'aux Districts du Département du Tarn, qui avoisinent celui de Haute-Garonne.

Fait à Toulouse le jour que dessus..

DARTIGOEYTE.

Par le Représentant du Peuple.

F. DUCOS, *Secrétaire.*

Vu au Directoire du Département de Haute-Garonne, pour être imprimé sur le Champ & exécuté en tout son contenu.

Fait en Directoire le 26.e Messidor, an 2.e de la République française, une & indivisible.

PICQUIÉ, Président,

LAFONT; *SARTOR*; *BLANC*; *SAMBAT*; *DELHERM*; Administrateurs.

BEGUILLET, Secrétaire-général.

A TOULOUSE,

De l'Imprimerie de P. LALANNE, Imprimeur-Libraire, rue Liberté, ci-devant Rome, Section 3, n°. 15.

REPUBLIQUE FRANÇAISE,

UNE ET INDIVISIBLE.

LIBERTÉ, EGALITÉ.

AU NOM DU PEUPLE FRANÇAIS.

Du 22 Thermidor, de l'an deuxième de la République Française.

DARTIGOEYTE, Représentant du Peuple, dans les départemens du Gers & Haute-Garonne :

Vu une pétition présentée à l'administration du district de Rieux par le nommé Jean Coujoun, ci-devant prêtre, détenu dans la maison d'arrêt du district, à suite de laquelle est intervenu un arrêté, qui met en liberté ledit Coujoun, pour se rendre sans délai au bureau militaire de l'administration, afin d'y être inscrit, prendre son signalement, & lui délivrer une carte de route pour aller à l'armée :

Considérant que l'administration du district de Rieux a méconnu ouvertement la loi qui donne exclusivement aux représentans du peuple, le droit de prononcer la mise en liberté des reclus :

Considérant que les motifs qui ont fait renfermer Coujoun, ne sont pas énoncés dans la décision du district, qu'on s'est même peu embarrassé de les connoître, puisqu'on n'a pas pris l'avis du comité de surveillance ;

Que l'administration ne s'est pas fait représenter le tableau qui a dû être envoyé, en vertu de la loi, au comité de sureté générale, & sur lequel devoit intervenir le jugement de la commission populaire, d'où il résulte que le district a outrepassé ses pouvoirs :

Considérant que dans un gouvernement révolutionnaire une telle conduite est très-coupable, & qu'il est intéressant de la réprimer, en annullant un arrêté subversif de tous les principes ;

Que cependant il est dû quelques égards à l'administration du district de Rieux, à raison du zèle qu'elle a démontré dans ses opérations, mais qu'il est de notre devoir d'improuver un pareil abus d'autorité, afin de donner un exemple utile à tous les fonctionnaires publics :

ARRETE :

ARTICLE PREMIER.

L'arrêté rendu le 19 de ce mois, par le district de Rieux sur la pétition de Jean Coujoun, ci-devant prêtre, est annullée, ainsi que tous autres qui pourroient avoir été rendus dans ce sens.

II.

La conduite du district de Rieux est fortement improuvée, & il lui est défendu de prendre de pareils arrêtés à l'avenir, sous les peines portées par la loi.

III.

Jean Coujoun, ci-devant prêtre, restera dans la commune de Toulouse, sous la surveillance de la municipalité, qui demeure autorisée à prendre telle mesure qu'il appartiendra, pour s'assurer de sa personne, & ce en attendant que nous ayons prononcé, après des renseignemens positifs, sur son compte

IV.

L'agent national près le district nous transmettra sous sa responsabilité personnelle, & dans le plus bref délai, tous les renseignemens nécessaires pour connoître ce qu'est, & ce que fut dans l'ordre politique l'ex-prêtre Coujoun, ainsi que les motifs de son arrestation, copie du tableau envoyé au comité de sureté générale, & l'avis motivé du comité de surveillance.

V.

L'agent national est encore chargé, sous cette même responsabilité, de nous transmettre la nomenclature des reclus qui ont été mis en liberté par le district, avec copie de chacun des arrêtés qui ont ordonné cette miſe en liberté; & au ſurplus toute perſonne miſe en liberté par arrêté du diſtrict, ſera ſur le champ réintégrée dans la maiſon d'arrêt ou de recluſion où elle étoit détenue.

V I.

Le préſent ſera tranſcrit tout au long ſur les regiſtres de l'adminiſtration de Rieux, & en marge de l'arrêté ci-deſſus annullé.

V I I.

L'agent national demeure chargé de ſon exécution, & nous en rendra compte.

V I I I.

Le préſent ſera imprimé à la diligence du directoire du département de Haute-Garonne, publié & affiché, lû au peuple aſſemblé le prochain décadi, envoyé aux diſtricts, aux communes, ſociétés populaires & comités de ſurveillance; & au ſurplus, le même directoire du département eſt chargé d'en adreſſer directement douze cents exemplaires au directoire du département du Gers ; qui demeure tenu du même envoi indiqué ci-dessus.

FAIT à Toulouse le jour que dessus.

DARTIGOEYTE.

Par le Représentant du Peuple,

F. DUCOS.

Vu par nous administrateurs du département de Haute-Garonne, pour être imprimé sans délai, & envoyé aux districts, municipalités & sociétés populaires, & exécuté en tout son contenu.

Fait à Toulouse, le 24 Thermidor, an second de la République française.

LAFONT, président ; GUIRINGAUD, DELHERM, BLANC, SAMBAT, PICQUIE', SARTOR, BELLECOUR administrateurs.

BEGUILLET, secrétaire général.

A TOULOUSE,
Chez le Montagnard VIALLANES, Imprimeur, rue Librté, n.° 48.

RÉPUBLIQUE FRANÇAISE, UNE ET INDIVISIBLE.

LIBERTÉ, ÉGALITÉ.

AU NOM DU PEUPLE FRANÇAIS.

Le 29e. jour du mois de Thermidor, l'an deuxième de la République Française, une & indivisible.

DARTIGOEYTE, REPRÉSENTANT DU PEUPLE, dans les Départemens du Gers & Haute-Garonne :

Vu l'arrêté pris par le comité de surveillance du canton de Villefranche le 10 de ce mois, contenant des peines contre les trois filles Durand Nogarede sœurs, recluses, à raison du refus qu'elles ont fait de travailler dans la maison de reclusion un jour ci-devant Dimanche :

Considérant que toute l'étendue des devoirs des comités révolutionnaires s'étend uniquement sur une surveillance active envers les ennemis de la liberté, pour leur appliquer, s'il y a lieu, en les frappant de reclusion, les dispositions de de la loi du 17 septembre dernier (*v. st.*), sauf à transmettre au comité de sureté générale les motifs d'arrestation ;

Considérant que le comité de surveillance de Villefranche

a outrepassé ses pouvoirs, en ce que la police des maisons de reclusion appartenant aux municipalités, sous l'inspection des administrations de district, ce sont ces deux autorités constuées qui peuvent & doivent seules prendre les mesures les plus propres à comprimer les infractions à la loi qui se commettent dans lesdites maisons ;

Que dans un gouvernement démocratique on doit encore moins admettre des peines autres que celles indiquées par la loi ; que faire consister ces peines à réduire des citoyennes *au pain & à l'eau*, dans des appartemens séparés avec une garde à leurs fraix, c'est sortir du sentier de la justice républicaine que doivent suivre les français chargés de fonctions importantes :

Considérant que la publicité donnée par le comité de Villefranche, à son arrêté du 10 de ce mois, par la voie de l'impression, aux dépens des sœurs Nogarede, ajoute à l'imprudence qu'il a commis, & qu'il est instant de faire connoître aux autorités constituées, afin de les prémunir contre une pareille subversion des principes démocratiques :

Considérant enfin, que le comité de Villefranche paroît avoir été égaré par un faux zèle, que ses intentions sont pures, & qu'il continuera à frapper les malveillans ;

ARRÊTE : 1°. L'arrêté pris le 10 de ce mois par le comité révolutionnaire de Villefranche, contre les sœurs Nogarede, recluses, est annullé ; il lui est prohibé d'en prendre de pareils à l'avenir, sous les peines prononcées par la loi.

2°. La municipalité de Villefranche surveillera la maison de reclusion, y tiendra des commissaires en permanence : elle est chargée de prendre toutes les mesures nécessaires pour que le bon ordre & l'exécution des lois y soient maintenus. Elle ne pourra, sous aucun prétexte, y tolérer des dés, ni des cartes à jouer.

3°. Le Représentant du peuple venant d'être instruit que les hommes & les femmes sont detenus à Villefranche dans la même maison, charge la municipalité de ne permettre aucune communication entre les deux sexes : à cet effet, la partie du bâtiment destiné aux femmes sera rigoureusement fermée, & les clefs ne pourront jamais sortir des mains des commissaires, qui devront faire ouvrir en leur présence, lorsque le besoin du service l'exigera.

4°. Toute infraction sur cet objet, de la part des commissaires, sera punie de la reclusion.

5°. Si la distribution du bâtiment actuel s'oppose à l'exacte séparation des hommes avec les femmes, la municipalité, de concert avec le district, choisira une autre maison, dans le jour même, uniquement destinée aux femmes.

6°. Les articles 2, 3, 4 & 5 sont déclarés communs pour toutes les maisons de reclusion, sous la responsabilité des municipalités & administrations de district, dans les deux départemens du Gers & de la Haute-Garonne.

7°. Le présent arrêté sera adressé à l'agent national du district de Villefranche, pour être exécuté, & transcrit, à sa diligence, sur les registres du comité, en marge de la minute de l'arrêté dont s'agit.

Il sera en outre imprimé, à la diligence de l'administration du département de la Haute-Garonne, pour être envoyé aux districts, communes, sociétés populaires & comités de surveillance du ressort. Elle en adressera directement douze cents exemplaires à l'adminiſtration du département du Gers, qui demeure chargée du même envoi ci-deſſus indiqué.

Fait à Toulouſe, le jour que deſſus.

DARTIGOEYTE.

Par le Repréſentant du peuple,
F. DUCOS, ſecrétaire.

VU l'arrêté ci-deſſus, le département de la Haute-Garonne arrête, qu'il ſera imprimé ſur-le-champ, pour être envoyé aux diſtricts, communes, ſociétés populaires & comités de ſurveillance; & qu'il en ſera expédié douze cents exemplaires à l'adminiſtration du département du Gers. A Touloſe, le 30 thermidor, l'an deuxième de la République Françaiſe, une & indiviſible.

LAFONT, préſident; GUIRINGAUD, BELLECOUR, SARTOR, BLANC, DELHERM, PICQUIÉ, SAMBAT, adminiſtrateurs; BEGUILLET, ſecrétaire-général.

A TOULOUSE,
De l'Imprimerie de la citoyenne veuve DOULADOURE, rue Liberté, Ire. Section, N°. 44.

RÉPUBLIQUE FRANÇAISE, UNE ET INDIVISIBLE.

AU NOM DU PEUPLE FRANÇAIS.

Le 30e. jour du mois de Thermidor, l'an deuxième de la République Française, une & indivisible.

DARTIGOEYTE, REPRÉSENTANT DU PEUPLE, dans les Départemens du Gers & Haute-Garonne :

Vu le renvoi à nous fait par le comité de sureté générale de la Convention nationale, d'une pétition présentée par le citoyen Chambon, habitant de la commune de Castelnau-d'Estretefonds, avec les pièces y jointes, pour prononcer sur sa demande ;

Vu ladite pétition, par laquelle Chambon déclare que le nommé Majorel, détenu dans la maison dite de la Visitation à Toulouse, est son dénonciateur auprès du comité de sureté générale, par un sentiment d'animosité & de haine, à raison de ce qu'il avoit découvert une correspondance regardée comme contre-révolutionnaire, que ledit Majorel entretenoit à Avignon, où il avoit resté long-temps réfugié, pour se soustraire au payement de ses dettes ;

Vu les différentes pièces produites par Chambon, qui attestent son patriotisme & ses principes révolutionnaires ;

Vu plusieurs lettres trouvées chez Majorel, relatives à la correspondance ci-dessus énoncée ;

Notre arrêté du 19 Messidor qui délégue l'agent national du district, à l'effet de se rendre dans la commune de Castelnau, pour vérifier les faits, & prendre des renseignemens sur la dénonciation dont s'agit ;

Vu enfin le verbal des opérations de l'agent national, ensemble l'avis de l'administration du district de Toulouse, le tout favorable au citoyen Chambon :

Considérant qu'autant la justice nationale doit frapper les hommes coupables, autant elle doit s'appesantir sur ceux qui n'écoutent que le sentiment de la haine pour faire des victimes à leur passions :

Considérant que l'affaire dont s'agit nous procure cet exemple utile à donner au peuple, puisqu'il résulte des pièces produites, que Chambon fut toujours patriote, qu'il jouit de l'estime de ses concitoyens ; témoignage bien satisfaisant donné à ce vieillard septuagénaire par les autorités constituées, la société populaire, le peuple de Castelnau & l'administration du district :

Considérant au contraire que ces mêmes autorités constituées & ce même peuple déclarent que le dénonciateur Majorel étoit un faux patriote, dangereux, intrigant, exageré, qui, par un systême de terreur comprimoit la municipalité, intimidoit & vexoit les citoyens ; qu'il étoit en outre mauvais fils, mauvais mari & mauvais père ;

Que les lettres trouvées chez Majorel, le signalent assez comme un contre-révolutionnaire audacieux, qui ne soupiroit qu'après la destruction des républicains, dont les efforts généreux alloient soumettre les rebelles de Marseille & de la Vendée ;

Qu'il entretenoit des relations avec les ennemis de la liberté :

Considérant qu'il est bien doux pour les Représentans du peuple, d'arracher un bon citoyen aux persécutions combinées par le crime ; ce qui prouve que si un patriote peut être quelquefois calomnié momentanément, la justice nationale ne tarde pas à démasquer l'intrigue, à frapper le coupable, & à proclamer l'innocence de celui que la haine, l'aristocratie, ou le royalisme vouloient opprimer.

ARRÊTE, conformément à l'avis de l'administration du district :

ARTICLE PREMIER.

Le citoyen Chambon est rendu à sa liberté & à l'estime de tous ses concitoyens, ainsi qu'aux fonctions de maire de la commune de Castelnau.

II.

Le district nommera un de ses membres pour aller remettre l'écharpe au citoyen Chambon, en présence du peuple assemblé, & pour lui donner l'accolade fraternelle.

III.

Majorel sera sur-le-champ traduit de brigade en brigade, par la gendarmerie nationale, ou par tout autre mode convenable, au comité de sureté générale à Paris.

IV.

L'accusateur public près le tribunal criminel du département de la Haute-Garonne demeure chargé de l'exécution du présent arrêté, & de le transmettre, par la voie des gendarmes, au comité de sureté générale, avec les lettres dont s'agit, & toutes les autres pièces ci-dessus visées.

V.

Le préſent ſera imprimé à la diligence de l'adminiſtration du département de la Haute-Garonne, pour être envoyé aux diſtricts, communes, ſociétés populaires & comités de ſurveillance du reſſort, & lu au peuple au prochain Décadi, dans le temple de l'Être ſuprême. Elle en adreſſera directement douze cents exemplaires à l'adminiſtration du département du Gers, qui demeure chargée du même envoi ci-deſſus indiqué.

FAIT à Toulouſe, le jour que deſſus.

DARTIGOEYTE.

Par le Repréſentant du peuple,
F. DUCOS, *ſecrétaire.*

VU l'arrêté ci-deſſus, le Département de Haute-Garonne arrête qu'il ſera imprimé ſur-le-champ, pour être envoyé aux diſtricts, communes, ſociétés populaires & comités de ſurveillance; & qu'il en ſera expédié douze cents exemplaires à l'adminiſtration du département du Gers. A Toulouſe, le 30 thermidor, l'an deuxième de la République Françaiſe, une & indiviſible.

LAFONT, préſident; GUIRINGAUD, BELLECOUR, BLANC, DELHERM, PICQUIÉ, SAMBAT, adminiſtrateurs; BEGUILLET, ſecrétaire-général.

A TOULOUSE,
De l'Imprimerie de la citoyenne veuve DOULADOURE, rue Liberté, Ire. Section, N°. 44.

RÉPUBLIQUE FRANÇAISE,
UNE ET INDIVISIBLE.

AU NOM DU PEUPLE FRANÇAIS.

Le 2e. jour du mois de Fructidor, de l'an deuxième de la République Française.

DARTIGOEYTE, Représentant du Peuple dans les Départemens du Gers & Haute-Garonne:

Vu la Lettre qui nous a été écrite le 8 Prairial au nom de la Société Populaire de Montréjeau, District de Mont-Unité, ci-devant Saint-Gaudens, Département de la Haute-Garonne, pour demander le renouvellement de six Membres du Comité de Surveillance du Chef-Lieu de ce Canton.

Vu notre Arrêté du 16 Prairial, rendu sur le vœu présumé de ladite Société, & portant destitution & remplacement des Citoyens désignés dans cette Lettre.

Vu la Lettre de la Société Populaire de Montréjeau, du 24

Prairial & sa Délibération y jointe, en date du 22 de ce même mois, portant réclamation contre notre Arrêté du 16, comme surpris, & déclarant la Lettre du 8 Prairial un Acte faux, auquel elle n'a eu aucune part, qu'au contraire les six Membres destitués n'ont pas démérité de sa confiance.

Vu une autre Délibération de la même Société du 25 Prairial, portant invitation au Représentant du Peuple d'approuver le vœu de la Société sur le choix qu'elle a fait de deux Citoyens des Communes du Canton pour remplir des places vacantes dans le Comité de Surveillance par le décès de l'un des Membres, & l'option qu'a fait un autre pour la place de Secrétaire du Juge de Paix. Ladite Délibération rappellant encore le vœu que la Société a manifesté dans celle du 22.

Vu le Procès verbal de la Séance du 29 Prairial, duquel il résulte, 1°. Que la Société n'a jamais délibéré le vœu qu'on lui a prêté dans la Lettre du 8, & que cette Lettre a été écrite à son insu.

2°. Qu'elle est calomnieuse pour les anciens Membres de Comité de Surveillance dont on a provoqué la destitution & le remplacement.

3°. Que l'Auteur de cette Lettre est un nommé Lalaysse, cidevant Membre du Comité de Surveillance & aujourd'hui Secrétaire-Greffier du Juge de Paix, qui la fit signer par le Président Lassus, Juge de Paix.

4°. Que les dépositions des Témoins tendent à prouver que Lassus a signé cette piece sans l'avoir lue, au moment où il s'occupoit d'un Arbitrage, & que la signature Mansas, Secrétaire, apposée après celle de Lassus est niée par ce Secrétaire & reconnue contrefaite.

5°. Enfin que le Plumitif des Délibérations de la Société étoit chargé d'un faux, puisqu'il portoit que dans le Procès verbal du 7 au 8 Floréal, l'objet de la Lettre du 8 Prairial avoit été délibéré, tandis que le grand Registre ne fait mention que du renouvellement du Bureau.

Vu le Procès verbal de la Séance du 10 Messidor, les autres pieces, ainsi que les renseignemens donnés par l'Agent National près le District de Mont-Unité.

Considérant qu'il est démontré qu'on a commis un faux matériel pour surprendre le Représentant du Peuple & faire opprimer des Patriotes ; que ce faux résulte de la différence de la Délibération du 7 Floréal inscrite sur le Plumitif des Délibérations de la Société avec son grand Registre, ainsi que de la fausse signature *Mansas*, *Secrétaire*.

Considérant que le nommé Lalaysse est très-fortement prévenu d'être l'Auteur de la Lettre qui provoqua l'Arrêté du 16 Prairial & d'être l'Auteur de la fausse signature.

Considérant qu'il est de la justice Nationale de réintégrer dans leurs fonctions les Citoyens qui n'ont pas démérité la confiance du Peuple, & de punir avec sévérité ces hommes qui sous le masque du Patriotisme ont trompé l'opinion publique.

Considérant que par cela même que le vœu des Sociétés Populaires, dont les principes sont aussi recommandables que ceux professés par la Société Populaire de Montrejeau, détermine la confiance du Gouvernement & du Peuple pour les Fonctionnaires publics, les individus qui surprennent ou contrefont les Actes qui constituent l'opinion publique pour servir leurs passions personnelles, substituer leur volonté à l'intérêt général, doivent être livrés à la vengeance des Loix.

Considérant enfin que la morale publique se base & s'accroît par une austere impartialité, qui, mettant chacun à sa place, protege les Patriotes opprimés, les venge d'injustes persécutions au même temps qu'elle démasque & poursuit les Frippons, les Aristocrates, les Royalistes, les Malveillans de toute couleur :

ARRÊTE,

1°. L'Arrêté du 16 Prairial, rendu d'après le vœu faussement supposé de la Société Populaire de Montrejeau est rapporté ; en conséquence, les Membres remplacés reviendront à leur poste, & les Membres nommés par le même Arrêté cesseront à l'instant leurs fonctions.

2°. Le nommé Lalaysse, Secretaire-Greffier de la Justice de Paix de Montrejeau, est destitué de ses fonctions ; il sera mis sur le champ en état d'arrestation & renvoyé devers l'Accusateur Public près le Département de Haute-Garonne, qui fera instruire la procédure à raison du faux dont s'agit.

3°. La Société Populaire de Montréjeau nous désignera des Citoyens pour occuper les places vacantes dans le Comité de Surveillance, & un Secretaire-Greffier de la Justice de Paix.

4°. Charge l'Agent National près le District de Mont-Unité, de l'exécution du présent, dont il transmettra copie à l'Accusateur Public, en lui adressant toutes les pieces. Il en transmettra également une copie au Directoire du Département de la Haute-Garonne, pour être imprimé à sa diligence, envoyée aux Districts, Communes, Comités de Surveillance & Sociétés Populaires de son ressort.

Fait à Toulouse, le jour que dessus,

Dartigoeyte, Signé.

Par le Représentant du Peuple,

DUCOS, *Secrétaire, signé.*

Pour extrait conforme,

MARIANDE, Agent National du District de Mont-Unité.

Vu par nous, Administrateurs du Directoire du Département de la Haute-Garonne, pour être exécuté selon sa forme & teneur.

Toulouse, le 11 Fructidor, de l'an second de la République.

GUIRINGAUD, Président, BLANC, SAMBAT, DELHERM, BELLECOUR, LAFONT, PICQUIÉ, Administrateurs.

BEGUILLET, Secrétaire-Général.

A TOULOUSE,

De l'Imprimerie de JOSEPH DALLES, aux Arts & Sciences, rue Liberté, premiere Section, N°. 110.

www.ingramcontent.com/pod-product-compliance
Lightning Source LLC
Chambersburg PA
CBHW060432090426
42733CB00011B/2237
* 9 7 8 2 0 1 2 8 7 2 9 4 3 *